神奈川大学経済貿易研究叢書 第31号

英文ビジネスレターの発達史

16世紀以降の通信文(レター)の
変遷と特徴を探る

稲津 一芳 著

同文舘出版

はしがき

　今時「レター」でもあるまいに，と非難が聞こえてきそうである。事実，20世紀半ば頃まで遠距離通信の主な手段であったレターは，電報，電話，テレックス，ファクシミリと新しい通信手段が世に出るたびに，その使用頻度は減少し，すぐにも消え去る運命だと目された。

　約40年前，筆者が会社で（プラント）輸出業務に携わっていた頃，海外の企業との通信は主にテレックスで行われていた。したがって，我々（海外営業）担当者は，レターの形式重視の書き方は無視し，テレックス独特の簡略化した書き方を学んでいた。当時，ビジネスレターは，そろばんが計算機にとって代わられたように，もはや過去の遺物となりかけており，「ビジネスレター不要」の時代を迎えていたように思われた。

　ところが幸いにも，情報技術の開発，発展のおかげで，コンピュータを介したインターネット，Eメールが普及し，今やビジネス通信において，迅速性と手軽さ故に，Eメールは必要不可欠な存在となった。

　いみじくも「メール」と命名されているように，Eメールの書き方は，従来のビジネスレターの書き方で十分間に合う。もちろん，昔のビジネスレターのような形式を再現するものではないが，テレックスほど簡略化されない，レター形式に近い書き方が採用されるようになってきた。

　この時代の流れに右往左往させられながらも，外国とのビジネス通信には，証拠文書としての法的な役割，高い機密性，正式な文書としての扱いなどの長所から，レターが適しており，その存在意義・価値は高いと信じてきた筆者は，より良い英文ビジネスレター，望ましい英文Eメールを書くためにも，通信文（レター）の歴史的研究は参考になると考え，ここに英文ビジネスレターの書き方の変遷・発達史をたどることにした。

我々が海外の取引先へレターを出そうとした時に，まず，どのように書けばよいか，模範ともなるべく手本（先例）を探す。先輩の書いた発信レターの控え（コピー），マニュアル，参考書などを手にし，「拝啓」に該当する冒頭敬辞（"Dear Mr. —""Dear Sirs""Gentlemen""Ladies and Gentlemen"）で始め，用件を説明する。そして，「敬具」に相当する結尾語（"Sincerely""Yours sincerely""Yours faithfully"），署名で終える。

我々が日本語でビジネス文書・レターを書く時に，その書式にほとんど疑問を持たないのと同様に，母国語でビジネス文書・レターを書く英米人も，その書式の由来にほとんど興味を示さない。昔からの伝統・習慣であると納得してしまう。

筆者も実際に海外との取引に従事していた時は，何の疑問も抱かずにその書式を採用していた。しかし，「教える」立場になった時に，この通信文（レター）の書き方，形式の発生・誕生のきっかけ・理由は何なのか，ということに興味が湧いてきた。単なる"how to"だけでなく，その背景となる"why"まで踏み込むのが，教える者としての務めではないかと考えるようになった。

本書のテーマは，上記のように，「現行の英文ビジネスレターの書き方や書式はどのようにして生まれ，発展していったのか」である。

序章では，16世紀以前の通信文（レター）の発展過程を概略する。まず，通信文（レター）の歴史から，通信文（レター）としての一定の形式が存在していたことを明らかにする。次に，商人が状況に適した英文レターを書くために，なぜ，マニュアルが生まれたのか。そして，彼らはそのマニュアルをどのように活用していたのかを明らかにする。

以後，本論ともいうべき第1章から第5章までは，16世紀以降の英文ビジネスレターの段階的な変化と発展について述べる。まず，マニュアル上の，①通信文（レター）の書き方，②モデルレター，そして，実際に商人が書いた，③商人レターの3項目を中心に，第1章では16世紀，第2章では17世紀，第3章では18世紀，第4章では19世紀，第5章では20世紀と，各年代の商用（ビジネス）レターの特徴を明らかにする。終章では，これまでのビジネスレ

ターの変化を振り返り，さらに，マニュアルとの関連性を明らかにする。

　筆者は，前著『英語通信文の歴史』（同文舘出版，2001年）で，16世紀以降のビジネスレターの書き方，スタイルの移り変わりを十分説明したと思っていたが，各時代のマニュアルの内容を強調するあまり，単なるマニュアルの資料紹介にすぎない，という指摘を受けた。その反省を踏まえ，今回は，前著のマニュアルの紹介という横軸からの検討ではなく，ビジネスレターの書き方，スタイルの変遷を中心にした縦軸の視点から検討してみることにしたい。

　　　　　　　　　　　　　　　　　　　　　　　　　　　　稲津　一芳

初出一覧

　本書は，すでに発表した論文をもとに，加筆・修正し，構成し直したものである。なお，本書をまとめるにあたって，原論文には大幅な加筆，訂正が施されている。

- 「16世紀以降の商人レターの特徴とその変遷」『商経論叢』（神奈川大学経済学会）第38巻第2号（2002年12月）
- 「16世紀の商用英語通信文の特徴」『商経論叢』（神奈川大学経済学会）第40巻第2号（2004年12月）
- 「17世紀の商用英語通信文の特徴」『商経論叢』（神奈川大学経済学会）第40巻第3号（2005年2月）
- 「18世紀の商用英語通信文の特徴」『商経論叢』（神奈川大学経済学会）第40巻第4号（2005年3月）
- 「20世紀の商用英語通信文の特徴」『経済貿易研究　研究所年報』No. 31（神奈川大学経済貿易研究所）（2005年3月）
- 「19世紀の商用英語通信文の特徴」『商経論叢』（神奈川大学経済学会）第41巻第2号（2006年3月）
- 「なぜ，17，18世紀の英文レターマニュアルの人気は高かったのか？」『商経論叢』（神奈川大学経済学会）第49巻第2・3合併号（2014年3月）

目　　次

はしがき

初出一覧

第Ⅰ部　序　　論
―通信文（レター）発達のための背景と要因―

序章1　通信文（レター）の歴史 ―――――― 2

1. 通信文（レター）形式の定型化 ………………………………… 3
   (1) 初期の形式（メソポタミア，ギリシャ・ローマ時代）　*3*
   (2) Dictamen（「書簡文作法」）の成立（11世紀）　*7*
   (3) ヘンリー5世（Henry V；1413-1422）の影響　*9*
2. 15世紀のビジネスレター ………………………………………… 11
   (1) パストン・レター（The Paston Letters）　*11*
   (2) セリー・レター（The Cely Letters）　*12*
   (3) ビジネスレターの特徴　*14*
   (4) 典型的なビジネスレター　*15*

序章2　マニュアルの役割 ―――――― 18

1. 17世紀のマニュアル ……………………………………………… 19
   (1) 17世紀前期　*19*
   (2) 17世紀中期　*22*
   (3) 17世紀後期　*24*
2. 18世紀のマニュアル ……………………………………………… 25

序章 3　マニュアルの活用 ———————————— 28

1. 教育の場での活用 …………………………………… 28
   (1) 教室での活用方法　28
   (2) 「模倣」による習得　30
   (3) ラテン語教育の補完　31
2. 「レターを書く」技術の習得目的 ……………………… 32
   (1) 「レターの書き方」を学ぶ必要性　32
   (2) レターの上品な書き方＝評価の対象　33
3. 職場での活用 ………………………………………… 34
   (1) 研修中―実務を通しての技術の習得　34
   (2) キャリア・アップの可能性　35
4. マニュアルの存在意義 ………………………………… 37

第 II 部　英文ビジネスレターの変遷

第 1 章　16 世紀の英文ビジネスレターの特徴 ———————— 44

1. 通信文（レター）について ……………………………… 45
2. 通信文（レター）の書き方について …………………… 46
   (1) 望ましい書き方　47
   (2) 上下関係（階級）を意識した書き方　50
3. 秘書の役割 …………………………………………… 54
4. モデルレター ………………………………………… 55
   (1) レター例　56
   (2) 特　徴　66
5. 商人レター …………………………………………… 68
   (1) レター例　68
   (2) 特　徴　74

6. まとめ―16 世紀の特徴― ……………………………………………… 76

第 2 章　17 世紀の英文ビジネスレターの特徴 ――――― 80
　　1. 通信文（レター）について ……………………………………………… 81
　　2. 通信文（レター）の書き方について …………………………………… 82
　　　(1) 望ましい書き方　*82*
　　　(2) 上下関係（階級）を意識した書き方　*88*
　　3. モデルレター ……………………………………………………………… 92
　　　(1) レター例　*93*
　　　(2) 特　　徴　*102*
　　4. 商人レター ………………………………………………………………… 103
　　　(1) レター例　*104*
　　　(2) 特　　徴　*111*
　　5. まとめ―17 世紀の特徴― ……………………………………………… 113

第 3 章　18 世紀の英文ビジネスレターの特徴 ――――― 116
　　1. 通信文（レター）について ……………………………………………… 117
　　2. 通信文（レター）の書き方について …………………………………… 118
　　　(1) ビジネスレターの書き方　*118*
　　　(2) 「相手本位」の書き方　*120*
　　3. モデルレター ……………………………………………………………… 121
　　　(1) レター例　*122*
　　　(2) 特　　徴　*127*
　　4. 商人レター ………………………………………………………………… 129
　　　(1) レター例　*129*
　　　(2) 特　　徴　*136*
　　5. まとめ―18 世紀の特徴― ……………………………………………… 138

第4章　19世紀の英文ビジネスレターの特徴 ——————— 141

　1.　通信文（レター）について ……………………………………… 143
　2.　通信文（レター）の書き方について ………………………… 145
　　⑴　ビジネスレターの書き方　*145*
　　⑵　事務担当者の役割　*148*
　　⑶　具体的な指示　*150*
　3.　モデルレター …………………………………………………… 153
　　⑴　レター例　*154*
　　⑵　特　　徴　*159*
　4.　商人レター ……………………………………………………… 160
　　⑴　レター例　*160*
　　⑵　特　　徴　*165*
　5.　まとめ—19世紀の特徴— …………………………………… 167

第5章　20世紀の英文ビジネスレターの特徴 ——————— 170

　1.　通信文（レター）について ……………………………………… 171
　2.　通信文（レター）の書き方について ………………………… 175
　　⑴　ビジネスレターの書き方　*175*
　　⑵　ビジネスレターの構成　*181*
　　⑶　定型表現の活用　*183*
　3.　モデルレター …………………………………………………… 187
　　⑴　レター例　*187*
　　⑵　特　　徴　*192*
　4.　商人レター ……………………………………………………… 193
　　⑴　レター例　*193*
　　⑵　特　　徴　*203*
　5.　まとめ—20世紀の特徴— …………………………………… 204

終章　英文ビジネスレターの発達とマニュアルの関係 —————— 207

1. 英文ビジネスレターの変化 ………………………………………… 207
   (1) 16世紀　*208*
   (2) 17世紀　*209*
   (3) 18世紀　*211*
   (4) 19世紀　*212*
   (5) 20世紀　*214*
2. 商人レターとマニュアルの関連性 ………………………………… 216

参考文献 …………………………………………………………………… 221
あとがき …………………………………………………………………… 225
Index
　事項索引 ……………………………………………………………… 231
　人名索引 ……………………………………………………………… 233
　英字索引 ……………………………………………………………… 233

第Ⅰ部　序　　論
―通信文（レター）発達のための背景と要因―

序章1　通信文（レター）の歴史

「アングロ・サクソン時代以後，書き言葉として英語を使用した最初の王」[1]といわれたヘンリー5世（Henry V；1413-1422）の影響で，英国の商人たちに代表される一般の人々が，英語を書き言葉として多用するようになったのは15世紀になってからである。

例えば，（ビール）醸造業者のギルドは1422年，

「……恐れ多くもヘンリー5世陛下は，公式書状や，御自身に関する種々の事柄において，進んで御意向の秘密を［英語で］御表明くださり，国民がよりよく理解するように，御熱意を込めて，（他の言葉を退け）国民共通の言葉でお書きになってそれを御推奨された。また我々醸造業者の中には，英語で書いたり読んだりする知識を持っているものは多いが，他の言葉，すなわち以前使われていたラテン語やフランス語では，彼らは少しも理解できない。以上の理由，およびその他多くの理由で，上院や信頼すべき下院もほとんどが議事を英語で記録し始めていることを考えて，我々も我が醸造業において，ある程度彼らの歩みにならって，我々に関係のある必要な事項を今後［英語を用いて］記録することに決めた」[2]（下線部は筆者）

と決議文を発表した。

さらに，ボー（Albert C. Baugh）も自著，*A History of The English Language*の中で，

「彼（引用者注：ヘンリー5世）の治世の終りと次の治世の初めが，文書において一般に英語に採用され始めた時期に当たっている。切りのよい年数を求めるとすれば，1425年がほぼそれに近い期日を示しているとして差し支えない」[3]（下線部は筆者）

と述べている。

このことから，15世紀半ば頃の商人たちはすでに，英語で通信文（レター）を書いていたと思われる。それでは，商人が実際の取引で用いたレターは何を基本にして，どのように書かれていたのであろうか。書くことが容易でなかった当時，レター作成のための参考書が求められるようになったのは当然のことであろう。

しかしながら，彼らが英語で書かれた便利な参考書を手にするまで100年余り待たなくてはならなかった。その最初のマニュアルは1568年，仏語版から英訳されたフルウッド（William Fulwood）の *The Enimie of Idlenesse*（1568-1621）である。それ以後，読者のニーズに応じた，人気の高いマニュアルが続々と出版され，商人たちがそれらを活用・重宝したことは十分推測できる。

そこで，本章では，16世紀以降のビジネスレターを検討する前に，15世紀までの通信文（レター）に関する歴史的な動き・背景を概観する。

1. 通信文（レター）形式の定型化

（1） 初期の形式（メソポタミア，ギリシャ・ローマ時代）

① メソポタミア時代

紀元前18世紀頃から始められた文字による通信は，差出人の口述メッセージを専門家である書記が所定の形式に基づいて書き写し，それを使者（メッセンジャー）が名宛人まで届けるという方法が取られていた。公的な郵便制度が確立していない時代に，メッセージを確実に，迅速に伝えることは容易ではなく，様々な人の手を煩わす大変な作業であったと思われる。

一方，書信（レター）そのものは，元々「話し言葉」によるメッセージのため，簡潔にまとめられ，特定の様式に則っていた。例えば，ハンムラビ王の通信文（「運河の運行を円滑にするために清掃を指示」）では，

"To Sin-iddinam say, thus saith Hammurabi: Summon the people who hold fields on the side of the Damanu canal, that they may scour the Damanu canal. Within this present month let them finish scouring the Damanu canal."[4]

また，コーンの返却命令の文書，地主と借地人の争い［税（コーン）の支払い指示］の場合も，

"To Sin-iddinam say, thus saith Hammurabi: Ilushu-ikish, the merchant, over five, has informed me thus, saith he, 'Thirty GUR of corn I gave to Sin-magir, the Sakkanak, and I took his receipt. I have asked for it for three years and he has not given back the corn.' Thus hath he informed me. I have seen his receipt. Cause Sin-magir to give up the corn and its interest and give it to Ilu-shu-ikish."[5]

など，両文書とも，書き出しは "To ... say, thus saith ..." と同じような形式となっている。これは，恐らく，専門家である書記・写字生が王の口述メッセージを書き写したためであろう。最初に名宛人，次に差出人の名前が来て，メッセージが続いている。統一された形式を示している。

上記の公的な文書だけでなく，私的なものも同じような形式を保っている。例えば，食料の送付を依頼している親子間（「息子から父親へ」）のレターの場合も，

"To my father say, thus saith Zimri-erah, may Shamash and Marduk give thee health forever. Be thou well. I have sent for thy health. Tell me how thou art. I am located at Dur-Sin on the canal Kashtim-sikirim. There is no meat fit to eat. Now I have made them bring two-thirds of a shekel of silver to thee. For this money send some nice and something to eat."[6]

と，書き出しは "To ... say, thus saith ..." となっている。

このように，当時の公私の文書には，一定の書式（書き出しの形式 "To A say: Thus saith B"）が採用されている。

② ギリシャ・ローマ時代

羊皮紙・パピルスが使用されていたギリシャ・ローマ時代も，同じような一定の形式が見受けられる。例えば，ギリシャ時代のレター（「地代の集金」）では，

Address:	Xanthus to Euphranor, greeting.
Body:	Give orders for the delivery through Killes to Horus on the State barge, of which the master and pilot is the said Horus, of the corn levied upon the holding of Alexander and Bromenus and Nicostratus and Pausanias; and let Killes or the ship-master write you a receipt and seal a sample, and bring them to me.
Closing:	Goodbye. The 21st year, Thoth 1.
Address on Verso:	To Euphranor.[7]

また，紀元前3世紀ごろのレター（「送付状」）では，

Address & greeting:	Apollonios to Zenon, greeting.
Body (transmittal letter):	We have sent you a copy of the letter from Dionysios the oeconome. Receive therefore the three talents from Demetrios.
Closing & date:	Farewell. Year 28, Mesore.
Enclosure:	Dionysios to Apollonios, greeting.
	As you instructed us, we have given to your servant Demetrios, on account of the allowance accruing to you, …（略）
	… I have therefore written to you to let you know. Farewell. Year 28, Mesore …
Addressed on verso:	To Zenon.[8]

など，書き出しの"A to B, greeting"，結びの"Goodbye"［("Vale")"Farewell"］などの一定の書式に従っている。

この書式は，メソポタミア時代と比較すると，宛先の順序が逆になっている

が，①宛先（address）と挨拶（greeting or salutation），②本文（body），③結び（closing or farewell greeting），④日付（date）と，構成は同じである[9]。

また，次のローマ時代のレター（「推薦状」），

> Theon to the most honoured Tyrannus, very many greetings. Heraclides, the bearer of this letter, is my brother, wherefore I entreat you with all my power to take him under your protection. I have also asked your brother Hermias by letter to inform you about him. You will do me the greatest favour if you let him win your approval. Before all else I pray that you may have health and the best of success, unharmed by the evil eye.
> "Goodbye."
> Addressed: To Tyrannus the dioecetes.[10]

さらに，時代が下がった2世紀ごろのレター（「紹介状」），

> Ulpius Celer to Hermeros, greeting.
> Allow me, sir, to commend to your notice ... on, a slave of our lord the Emperor, a member of my household and esteemed by me. He is most deserving of advancement and of your fovour, and I do not disguise that any service you can render him in his career will be most welcome to me.
> "Farewell."[11]

など，同じような形式が見られる。

このように，ロバーツ（William Roberts）が指摘した，

「差出人は自分の名前を最初に，次に名宛人の名前と挨拶を書いた［"A to B, greeting（x to y, salutem）"］。そして，メッセージが続き，終わりに挨拶（"Vale"，"Farewell"）で結ぶ」[12]

形式が，当時，一般的であった。通信文（レター）が用いられた初期に，すでに一定の形式・パターンが存在していたようである。この一定の書式の理論的解明の試みが，新しい学問"dictamen"の誕生へと結びつくのである。

(2) Dictamen（「書簡文作法」）の成立（11世紀）

通信文（レター）を作成する時に，慣習的に採用されてきた一定の形式ならびに構造を理論的に解明しようと試みたのがアルベリクス（Alberic）であった（1080年頃）[13]。彼は，レターを5つの構成要素，①salutatio（＝greeting），②benevolentiae captatio（＝persuasive introduction），③narratio（＝background），④petitio（＝request），⑤conclusio（＝conclusion）に分けた[14]。

彼の説によると，まず，①挨拶として，社会的な地位や身分を加味した一定の形を採用する。次に，②序文は，準備段階として，ことわざや聖書を引用する。そして，本文では，③用件の提示，④依頼・陳情などを行う。最後に，⑤結論を述べることになる[15]。

例えば，当時の典型的なレター（「息子から父親へ宛てた送金依頼」）は，

To his father H., C. sends due affection. *This is the salutation*. I am much obliged to you for the money you sent me. *This is the captatio benivolentie*. But I would have you know that I am still poor, having spent in the schools what I had, and that which recently arrived is of little help since I used it to pay some of my debts and my greater obligations still remain. *This is the narration*. Whence I beg you to send me something more. *This is the petition*. If you do not, I shall lose the books which I have pledged to the Jews and shall be compelled to return home with my work incomplete. *This is the conclusion*.[16]

『父上Hへ，Cより愛をこめて。［以上挨拶］お金をお送りくださってありがとうございます。［以上序文］けれども，前から持っていたものは学校で使ってしまったので，まだ貧乏なことに変わりありませんし，今度いただいたものも，借金の一部の支払いにあてたうえ，まだ大きな負債が残っているので，あまり役には立てられないことをご承知おきください。［以上本文］そこでお願いがあるのですが，もう少し送っていただけませんでしょうか。［以上陳情］さもないと，ユダヤ人に質入れした本はとられてしまいますし，勉強を途中でやめて家に帰らなければならなくなりま

す。[以上結論]』[17]

と,アルベリクスが指摘したような一定の書式に基づいている。彼の理論はやがて,新しい学問"dictamen"へと発展し,12世紀初めには,中世最大の法律学校ボローニャ(The University of Bologna)で独立した専門科目として採用された[18]。

さらに,13世紀になると,ボローニャ大学の教授,ボンコンパーニョ[Boncompagno(1165-1240)]は,dictamenの地位を高めるのに貢献した[19]。

また,同じ頃に活躍していたルッカ(Bene of Lucca)もまた,dictamenの様式を踏襲して,

「dictamen(書簡文作法)は,適切かつ上品な書き方を含んでいる。もちろん,その書き方は,レターの本題(テーマ)と不可分であり,生来の才能,教育・訓練に依存し,ある程度,修辞学の伝統的な5つの要素,主にスタイル[雄弁術(elocution)]を駆使したものである」[20]

と解説し,典型的なレターの5つの構成要素[①"Salutatio",②"Exordium",③"Narratio",④"Petitio",⑤"Conclusio"]に言及,それぞれの書き方を説明している[21]。

その後,このdictamenは,12世紀末までには,イタリアから西ヨーロッパ諸国へと広まり,13世紀になると[22],英国でも,dictamen(=the art of letter writing)に関する教本が出版されるようになり,14世紀には,大学やグラマースクールなどで教えられるようになった。しかし,神学研究が主である英国の大学では,この科目(dictamen)は,文法,修辞学などと同じ正規科目としては認められず,いわゆる卒業単位にも算入されなかった。それにもかかわらず,実務で役に立つという科目の特徴から,多くの学生が受講し,人気の高い科目の1つであった。

この実用性のため,dictamenを履修し,正式な書類(公文書,通信文など)の書き方を学んだ若者が一人前の書記または商人として活躍したことは十分予想できる。

（3） ヘンリー5世（Henry Ⅴ；1413-1422）の影響

　現在，国際語としての地位を不動のものにしている英語も，今から約900年前には，英国の国語としての地位すら脅かされていた。実際，英国では，ノルマン征服（1066年）以後約200年間は，フランス語があたかも母国語であるかのように尊重され，英語は単なる下層階級の言語にとどまっていた[23]。

　しかし，14世紀になると，英仏の対立（戦争）から，英国国民は，フランスへの激しい敵対意識を持つようになり，フランス的なものは当然，外国の影響のあるものも排除するようになった。その結果，母国に対する強いナショナリズムが醸成され，英国国民は，自分たちの言語である英語に誇りや尊敬の念を抱くようになった[24]。

　そのような機運に呼応するかのように，ヘンリー5世は，愛国主義的な表現を多用した以下のレターをロンドン市長，議員宛てに出した。

By the kyng

　Right trusty and welbeloued, We grete you ofte tymes well. And forasmoche as, in the name of Almighty god and in oure right, with hys grace, we haue layd the siege afore the cite of Roan, which is the most notable place in fraunce saue Parys, atte which siege we nedeth gretly refresshing for vs and for our hoost; ...
（略）
... , And yeue vs cause to shewe therfor to you euer the better lordship in tyme comynge, wyth the help of oure saueour, the which we praye that he haue you in hys sauf warde. Yeuen vnder our signet, in our hoost afore the sayd cite of Roan, the x day of August.

　To oure Right trusy and welbeloued the Mair, Aldermen, and al the worthi communers of our cite of London.[25]

　ここでは，差出人の明示 ["By the kyng (King)"]，冒頭敬辞 ["Right trusty and welbeloued (well-beloved),"]，挨拶 ["We grete (greet) you ofte (often) tymes (times) well."] の後，用件を述べ，最後に，結び ["Yeuen (Given) vnder (under) oure (our) signet ..."]，発信場所，発信日で終えている。

また，以下のレターもヘンリー 5 世によるものである。

By the kyng

Worshipful fader yn God oure ryght trusty and welbeloved. We grete yow wel. And we wold that seyen and understande by yow the matere contened in the supplicacion whiche we sende yow closed here within touching certain thinges granted unto oure welbeloved squire Janico Dartasse, as ye may se more pleinly by the saide supplicacion, ye doe ordeine that he have suche writtes as may lawfully be hadde, and such as yow thenketh resounable in the case. And God have yow in his keping. Yeven under oure signet in oure town of Vernon the vj day of averil.

S Shiryngton[26]

ここでも同様に，差出人 ["kyng (King)"] の明示，冒頭敬辞 ("Worshipful ...")，挨拶 ["We grete (greet) ..."] の後，用件を述べ，最後に，結び ["Yeven (Given) under ..."]，発信場所，発信日，(書記名) で終えている。

上記の例でわかるように，ヘンリー 5 世の通信文（レター）には，冒頭で差出人（発信者）を明らかにし，冒頭敬辞（相手への呼びかけ）ならびに挨拶で始まり，簡潔に用件を述べ，最後に，結び，発信場所，発信日，(書記名) で終えるなど，一定の書式が採用されている。

このように，王の通知・文書などに頻繁に接するようになった英国国民は，「王様御自ら母国語でお書きになる」ことを知り，ますます英語使用の自信を深め，例えば，先述のビール醸造業者ギルドの決議文（「英語で記録する」）のように，話し言葉だけではなく書き言葉としても英語を使用するようになった。文字通り英語は，15 世紀には英国の母国語としての地位を確立したといえる[27]。

2. 15世紀のビジネスレター

　母国語として復活した英語は，実際の社会生活や商取引の中で，どのような形で使用され，活用されていたのであろうか。15世紀の代表的な書簡集（パストン・レター，セリー・レター）から，当時のレターの特徴を挙げてみる。

（1）　パストン・レター（The Paston Letters）[28]

　ノーフォーク（Norfolk）の裕福な商人，パストン家は，産業化以前のヨーロッパでは最大のビジネスの1つであった土地の取引にかかわっていた。パストン家の書簡集（457通）は，15世紀から16世紀前半にわたっているが，レターの大半は，1450年から90年の間に書かれている（内容的には，土地取引，政治・法律問題，家族のトラブルまで，広範囲に及んでいる）。

　初期の頃の代表的な例は以下の通りである。

① 初期のレター例

William Paston I to the Vicar of the Abbot of Cluny

Probably 1430, April

My right worthy and worshipful lord, I recommend me to you. And forasmuch as I conceive verily that ye arn vicar general in England of the worthy prelate the Abbot of Cluny, and have his power in many great articles, and ...

（用件）

... , and all your said letters to deliver to my clerk, to whom I pray you to give faith and credence touchant this matter and to deliver him in all the haste reasonable. And I am your man and ever will be, by the grace of God, which ever have you in his keeping. Written at Norwich the　　 of April.

Yours, William Paston[29]

冒頭の書き出しは，やや仰々しい冒頭敬辞［"My right worthy and worshipful lord (Lord),"］と簡単な挨拶（"I recommend me to you."）で始め，用件を説明している。末尾は，やや長い結び（"I am your man ... in his keeping."），発信場所・日付，結尾語（"Yours,"）・署名（"William Paston"）で終えている。

② レター形式上の特徴[30]

当時のレターの特徴を明らかにするために，パストン家宛てのいろいろな外部の商人によって書かれたレターを参考にする。

A) 冒頭の部分

レターの発信者が異なるので，当然，いろいろな組合わせが考えられ，一定のパターンを見つけ出すのは容易ではない。あえて数の多いものを取り上げてみると，下記の組合わせが考えられる。

> Right worshipful sir (or master), I recommend me to you, please it you to know that (or thanking you for, or desiring to hear of) ...

B) 末尾の部分

レターを終えるため，一般的には，祈りの言葉に続き，発信場所・日付，結尾語・署名と簡潔に終える形が取られている。

> (No more to you at this time,) God have you in his keeping. Written at ...
> By your servant, (Name)

(2) セリー・レター（The Cely Letters）[31]

セリー家は，1470年から80年にかけて，ロンドンのウール取引に従事していた中流階級の商人であった。セリー家の書簡集（247通）は，パストン・レターと異なり，ほとんどのものが本人により書かれ，英語のスペルは，想像を絶するほどばらばらで千差万別であった[32]。

典型的な例は以下の通りである。

① 典型的なレター例

Richard Cely the elder at London to Robert Cely at Calais, 5 July 1474

Jhesu Mliiijclxxiiij

I grete the wyll, and I haue resayuyd a letter from the, wryte at Caleys the xxiiij day of Jun, the weche I haue wyll understand, and that ye [haue] solde youre fellys the sopesans, for the weche I am wyll plesyd, a[n]d [...] haue resayuyd a letter from Thomas Kesten and charge for ...

(用件)

... I [wryte] no mor, but Jhesu kepe you. And saye to Jorge Cely I hadde [no word f]rom hym of youre comyng to Caleys, and youre wyfe thyng [ye] schuld haue wryt to here. Ye forgete yourselve, wat y[s] for [to do]. Slothe ys a grete thyng and dothe lyttyll good hottymys ther[e as] good besynes dothe esse. Wryte at London the v day of Jule, in [haste].

per Richard Cely.

Dorse: To Robard Cely at Caleys be thys delyuer. Shield.[33]

冒頭の書き出しは，簡単な挨拶 ["I grete (greet) the (you) wyll (well),"] と受取レター ["I have resayuyd (received) a letter ..."] に言及し，用件を説明している。末尾は，結びの挨拶もなく，簡潔に，発信場所・日付，署名 ["(per) Richard Cely."] で終えている。

② レター形式上の特徴[34]

当時の商人レターの特徴を調べるために，外部の商人からセリー家宛てに書かれたレターを参考にする。

A) 冒頭の部分

丁寧な呼びかけと挨拶に続き，用件を説明している。

> Right worshipful sir, I recommend me unto you, desiring to hear of ... , and thanking you (or thanking you, or I thank you) of ...

B) 末尾の部分

ここでは，祈りの言葉と結尾語・署名など，種々の組合わせが採用されている。

　　(No more to you at this time,) God (or Jesu) have (or preserve) you in his keeping. Written at ...
　　By your servant, (or By yours to my power,) (Name)

(3)　ビジネスレターの特徴[35]

　両家（パストン家，セリー家）に対する外部からのレターは，特定の用件（ビジネス）を伝えるためにわざわざ書かれたもので，いわゆるビジネスレターの原形ともいえる。

A) 冒頭の部分

　レターの形式上，冒頭では，呼びかけの冒頭敬辞"sir"が多用され，次に"master"が用いられている。それに付随する修飾語句は"right""worshipful"となる。そして，挨拶としての"I recommend me to ..."の後，用件の知らせ"please ..."の使用頻度が高い。

　　Right worshipful sir, I recommend me to you, please it you to know that ...

B) 末尾の部分

　末尾では，用件伝達の終了を示す"No more"の頻度がやや高い。次に，祈りの言葉として，神の"Jesu"の頻度が高く，それに続く表現は"have you ... keeping""keep you ..."となる。発信地・日付は"Written at ..."，結尾語は"servant"の使用頻度が高く，"servant and beadman (? beadsman)"と合わせると，その頻度はもっと高くなる。

　　No more to you at this time, but Jesu have you in his keeping. [or Jesu keep (or preserve) you.] Written at ...
　　Your servant, (Name)

(4) 典型的なビジネスレター

最後に，パストン・レター，セリー・レターの特徴の検討結果に基づき，当時の一般的なビジネスレターを再現してみると，次のような構成になるものと予想される。

Address:	Right worshipful Sir,
Salutation:	I recommend me to you, desiring to hear of your welfare and good health,
Notification:	and please it you to know that I have received your letter written at …
Exposition:	（用件）
Disposition or Injunction:	I believe the bearer of this shall tell more by mouth … If there is anything that I can or may do for you, I am and shall be at your commandment.
Valediction:	No more to you at this time, but Jesu have you in his keeping.
Attestation & Date:	Written at (place) (date / month).
Signature:	Your servant, (Name)[36]

上記のモデルレターは，明らかに dictamen の形式を踏襲しており，現行ビジネスレターの原形の1つといえる。この15世紀のレタースタイルが，16世紀以降のビジネスレターにどのような影響を与えたか。以下の章で検討してみる。

(注)
1) Malcolm Richardson, "The First Century of English Business Writing, 1417-1525", *Studies in the History of Business Writing*, (ed.) George H. Douglas and Herbert W. Hildebrandt, Urbana, Illinois, The Association for Business Communication, 1985, p.6.
2) アルバート・C・ボー（永嶋大典ほか訳）『英語史』研究社出版，1981年，187

ページ。
3) 同上, 188 ページ。
4) Shirley Belle Chute, "The Evolution of Business Letter Writing," doctoral dissertation (University of Pittsburgh), 1978, p.46.
5) C. H. W. Johns, *Babylonian and Assyrian Laws, Contracts and Letters*, New York: Charles Scribner's Sons, 1904, p.320.
6) *Ibid.*, p.336.
7) Chute, *op. cit.*, p.45.
8) *Ibid.*, p.46.
9) *Ibid.*, p.42.
10) *Ibid.*, p.48.
11) *Ibid.*, p.51.
12) William Roberts, *History of Letter-writing from the Earliest Period to the Fifth Century*, London: William Pickering, 1843, pp.36-37.
13) Louis John Paetow, *The Arts Course at Medieval Universities with Special Reference to Grammar and Rhetoric*, Printed from the University Studies of the University of Illinois, Vol. III, No. 7, 1919, p.72.
14) *Ibid.*, p.72.
15) チャールズ・H・ハスキンズ（別宮貞徳・朝倉文市訳）『十二世紀ルネッサンス』みすず書房, 1989 年, 115-116 ページ。
16) Charles Homer Haskins, *The Renaissance of The Twelfth Century*, Cambridge, Mass.: Harvard University Press, 1971, p.144.
17) ハスキンズ, 前掲書, 116 ページ。
18) 同上, 114 ページ。
19) Paetow, *op. cit.*, pp.74-75.
20) Charles Sears Baldwin, *Medieval Rhetoric and Poetic (to 1400)*, New York: The Macmillan Company, 1928 (rpt. 1972), p.216.
21) *Ibid.*, pp.220-222.
22) 以下の事情は, Malcolm Richardson, "The Earliest Business Letters in English: An Overview," *The Journal of Business Communication*, Vol. 17, No. 3, Spring 1980. pp.20-21. に基づく。
23) バーナード・クルーム（岡本庄三郎訳）『英語発達史』綜芸社, 1978 年, 41 ページ。
24) 稲津一芳『英語通信文の歴史』同文舘出版, 2001 年, 42-43 ページ参照。
25) R. W. Chambers and Majorie Daunt (eds.), *A Book of London English 1384-1425*, Oxford: Clarendon Press, 1931, pp.73-74.
26) J. L. Kirby (ed.), *Calendar of Signet Letters of Henry IV and Henry V (1399-1422)*, London, Her Majesty's Stationary Office, 1978, p.18.

27）稲津, 前掲書, 42-43 ページ参照。
28）*The Paston Letters*, 2 vols., London: J. M. Dent and Sons, Ltd. 1951. ならびに Norman Davis (ed.), *The Paston Letters*, Oxford: Oxford University Press, 1983. を参照した。
29）Davis, *op. cit.*, pp.1-2.
30）稲津, 前掲書, 65 ページ。
31）Alison Hanham (ed.), *The Cely Letters, 1472-1488*, Early English Text Society, No. 273, London: Oxford University Press, 1975. を参照した。
32）Richardson, *op. cit.*, p.37.
33）Hanham, *op. cit.*, pp.3-4.
34）稲津, 前掲書, 69 ページ。
35）同上, 79-80 ページ。
36）同上, 80-81 ページ。

序章2 マニュアルの役割

　いわゆる最初の英文マニュアルが世に出たのは，16世紀半ばである。以後，読者のニーズに応えるべき画期的なマニュアルが出現した。例えば，1568年，仏語版から翻訳された英語版で，技術（「レターの書き方」）習得の有益性と学ぶことの楽しみを強調している *The Enimie of Idlenesse* に始まり，読者が興味を持って読めるように工夫を凝らした物語り風（「対話形式」）の *A Panoplie of Epistles*，事務の専門家（秘書）を対象に，修辞学の書き方を参考にした *The English Secretary*，著者の私的ファイルに基づき，実際のビジネスで使用された資料を活用した *The Marchants Avizo*，テンプル法学院の学生を対象にしたやや難解かつ学術的な *Directions for Speech and Style* など，斬新なマニュアルがほぼ10年おきに出版された（表1参照）。

表1　16世紀に出版されたマニュアル

I. *The Enimie of Idlenesse*	1568 ←――――――――→ 1621	
II. *A Panoplie of Epistles*	○ 1576	
III. *The English Secretary*	1586 ←――――――――→ 1635	
IV. *The Marchants Avizo*	1589 ←――――――――→ 1640	
V. *Directions for Speech and Style*	○ 1599（1600?）	

　その説明・解説は，当時の読者にとって興味深いものであった。例えば，*The Enimie of Idlenesse* に見られるように，受信者の身分（「上位者」「同等者」

「下位者」）に応じて署名の位置を変更（右側，真中，左側）するやり方，*The English Secretary* の，修辞学の五部構成（「序論」「解明」「確証」「論駁」「結論」）を意識した書き方，*The Marchants Avizo* で指摘された，異文化環境への適応のための倫理・道徳上の教えなど，読者にとって非常に有益なものであった。まさに英文マニュアルの萌芽期・黎明期にふさわしい内容で，16世紀のマニュアルは好評を博した。さらに，17，18世紀と，数多くのマニュアルが出現し，ロングセラーも続出した。

　このような人気の高いマニュアルを実際に手にしたのは誰であろうか。当時，「マニュアルは，広範囲の大衆を読者対象としていた」[1]と述べられているように，マニュアルは，学生や若者だけでなく，すでに学校を終えた人々をも対象に，彼らの知的好奇心を満たすことを目的に出版された。しかし，当時の人々にとって，マニュアルなど書物（本）の入手は簡単ではなかった。それでも，彼らの多くは，「本は一種の物言わぬ教師である（"Books are a sort of dumb teachers."）」[2]と，その有用性を認識していたはずである。

　それでは，当時，なぜマニュアルへのニーズが生じたのであろうか。本章では，その理由を探るべく，人気の高かったマニュアルが数多く出版された17，18世紀の状況を検討してみる。

1. 17世紀のマニュアル

（1） 17世紀前期

　17世紀になっても，16世紀のマニュアルの人気は高く，依然として店頭に並んでいた（表1参照）。おそらく，読者への影響力もまだ大きかったと思われる。そこで，17世紀前半にマニュアルを発行した著者たちは，あえて16世紀のロングセラーのマニュアルと同じ内容で対抗するよりはむしろ，異なった

内容のもので勝負しようと考えた。マニュアルの一種の差別化である。

　まず，第一に挙げられる点は，「教え」重視よりも娯楽性を強調した，一種の「楽しめる読本」としての性格である。例えば，著者ブレトン（Nicholas Breton）は，*A Poste with a Packet of Madde Letters* の序文で，本書の目的は，「多くの人を楽しませることである」[3] と述べている。

　また，*A President for Young Pen-men, or The Letter Writer* の著者 M. R. も序文で，本書のレター例文を読むことにより，読者は，「暇な時の時間つぶしにもなり，読書の楽しみも味わえる」[4] と，楽しみを強調している。

　第二の点は，本の表紙の工夫である。その好例は，*A Poste with a Packet of Madde Letters* でわかるように，本のタイトルと絵の挿入である。著者ブレトンは，非常に人気の高かった16世紀のマニュアルに対抗し，読者の注意を引くために，ユニークな書名・タイトル（"Poste" "Madde Letters"）と，木版画を使った絵（「馬に乗った若者二人がそれぞれ"For love" "For life"と叫んでいる絵」）を採用し，一種の遊び心を前面に出すことを試みた。この試みの成果は上々で，同書は，17世紀初期から約80年もの間ロングセラーとなった（1602-1685年）。このブレトンの試みを真似たのが，17世紀前半の著者 I. W. Gent. による *A Speedie Poste*，後半の著者 W. P. による *A Flying Post* である。

　また，挿絵のみの活用は，17世紀だけでもマッシンガー（John Massinger）の *The Secretary in Fashion*，フィリップス（Edward Phillips）の *The Mysteries of Love & Eloquence*，ヒル（John Hill）の *The Young Secretary's Guide, Or A Speedy Help to Learning*，グッドマン（T. Goodman, Esq.）の *The Experienced Secretary, Or Citizen's & Countryman's Companion* など，ロングセラーのマニュアルに見られる。読者の購買意欲を高めるのに効果的だったようである。

　同じような読者へのアピールの試みとして，著者 M. R. は，自著の書名・タイトルを *A President for Young Pen-men, or The Letter Writer* と命名し，読者が一見しただけで，本の内容がわかる "Letter Writer" を採用した。以後，同じ "Letter Writer" を冠したマニュアルが続出した。18世紀の著者クック（Thomas Cooke）の *The Universal Letter-Writer, or New Art of Polite Correspon-*

dence，19世紀の著者オースチン（R. C. Austin）の *The Commercial Letter Writer*，同じく，著者シモンズ（P. L. Simmonds）の *The Commercial Letter Writer*，20世紀の著者ハンフリーズ（Gordon S. Humphreys）の *The Teach Yourself Letter Writer* などである。

　第三の点は，レター例文の分類である。*The Secretaries Studie* の著者ゲインズフォード（Thomas Gainsford）は，マニュアルの対象が専門家（秘書）であるために，彼らが日常業務におけるある特定の状況に即座に対応できるように，レター例文を9つの分野に分類している。この分類は，これまでのマニュアルの分類とは異なり，実用性を意識したやり方で，その分類のうちの1つとして，ビジネスの項目（"Household business"）が採用されている（内容的には，ビジネスだけというよりは家庭内の問題も扱っている）。ビジネスレターとしての分野が意識されたのはこの頃であった。

表2　17世紀前期に出版されたマニュアル

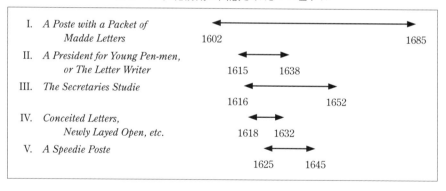

　このように，17世紀前半のマニュアルは，16世紀のマニュアルに欠けていた「遊び」，「楽しみ」を強調した「レター（例文）集」として，その存在意義を示しているように思われる。実際，17世紀前半のマニュアルの著者たちは，16世紀のマニュアルの教本としての良さを認め，内容的に全く新しいマニュアルを世に出すのではなく，前世期のマニュアルと一種の共存を図った。単な

る「教え」だけでなく，楽しめる要素を加味したマニュアルの発行である。したがって，マニュアルに興味を抱いていた当時の読者は，16世紀のマニュアルと17世紀前半のマニュアルが共に店頭に並んでいたために，多様なマニュアルを実際に手に取り，目を通し，選ぶことができたはずである（表2参照）。そのような状況が，結果的に，英文レターの大衆化を促した，といえるだろう。

(2) 17世紀中期

　16世紀のベストセラーともいうべき三大マニュアル *The Enemie of Idlenesse* (1568-1621)，*The English Secretary* (1586-1635)，*The Marchants Avizo* (1589-1640) の影響力が衰えた1640年頃から発行された17世紀半ばのマニュアルは，17世紀前半のマニュアルの傾向（16世紀発行のマニュアルとの共存を目指したやり方）とは異なり，好評を博していたこれまでのマニュアルに対する対抗意識をあらわにした。

　例えば，仏語版 *Le Secretaire à la mode* を英訳したマッシンガーは，*The Secretary in Fashion* の序文で，原著者セール（Puget de la Serre）が，

　　「読者が "*The English Secretary*" を一生読み続けることは救いがたい。……読者は，……"*Packet of Letters*" を読むことにすでに飽き飽きしている」[5)]

ことを明らかにして，特定のマニュアルをやり玉に挙げている。

　一方，フィロムサス（Philomusus）も，*The Academy of Complements* の序文で，

　　「（このマニュアルは）フランス方式の踏襲にすぎず，時代遅れで，英国方式には合わない」[6)]

と，同時期に世に出た *The Secretary in Fashion* の原著者セールと訳者マッシンガーを非難し，さらに，その内容が，

　　「正統な雄弁法や修辞法には程遠い」[7)]

と，デイ（Angel Day）の *The English Secretary*，ブレトンの *A Poste with a*

Packet of Madde Letters も非難している。

　上記の説明でわかるように、17世紀半ばに発行されたマニュアルは、17世紀前半のマニュアルの特色である「レター（例文）集」とは異なり、マニュアル本来の役割である「教え」を重視している。その教えも、「書く」ことだけでなく「話す」ことも含めたやや広い内容である。

　事実、マニュアル上では、*The Academy of Complements* の "High expressions, and forms of speaking, or writing"、*The Academie of Eloquence* の "... Way to speak and to write fluently"、*Wits Interpreter* の "... Qualifications of Discourse, or Writing"、*The Mysteries of Love & Eloquence* の "... useful on the sudden occasions of Discourse or Writing" など、読者が容易に活用できる（書くことと話すことを含めた）具体的な表現例が紹介してある（下線部は筆者）。

　具体的な教えに関しては、*The Secretary in Fashion*[8] の①レターの二大区分（"Letters of Business"、"Letters of Compliments"）、②行間あるいはスペースの大小による尊敬の度合いの示し方、③レター本文の三部構成（「序論」「論述」「結論」）などの説明は非常に独創的である。また、*The Academy of Complements*[9] の①書き出しの表現、②結びの表現、③宛名と結尾語の組合わせ表現、*The Mysteries of Love & Eloquence*[10] の①署名と末尾（結尾語）を書く際の公的レターと私的レターの書き方の違い、②結びの表現などの具体例は、読者に

表3　17世紀中期に出版されたマニュアル

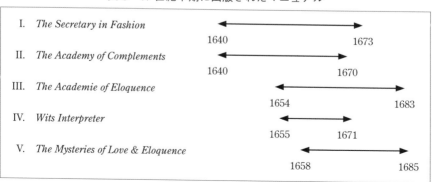

とって使いやすいように工夫されている。このような読者への配慮から，当時のマニュアルの人気のほどが類推できる（表3参照）。

このように，17世紀半ばに発行されたマニュアルは，読者が求めていた「教え」を中心に，「書く」「話す」など，円滑なコミュニケーションの遂行のための，いわゆる「実用書」を目指していた。

(3) 17世紀後期

17世紀後半のマニュアルは，17世紀半ばに発行されたマニュアルの内容の充実さに比べ，その「教え」に関する説明・解説には新鮮さはなく，従来のマニュアルの流用，要約にすぎなかった（当時のマニュアルの著者たちは，内容の盗用という意識はなく，平気で他書から引用していた）。

当時（17世紀後半）はすでに，レターが隔地者間通信の貴重な手段である，と認識されていた。商人たちは，レターの活用に際して，当然のようにレターとしての形式を重視した。その結果，彼らのレターには，通信文として一定（共通）の書式が見られた。その書式は，伝統や慣習を尊重した従来の形式の採用である。それだけに，当時のマニュアルの著者，ヒル，グッドマンも他のマニュアルや教本を参考にし，これまでと同じ内容を引用したり，要約したりと従来の方式をほとんどそのまま採用した。

その一方で，著者たちは，読者の満足を得るために，単なるハウツウもの以上の優れた内容のものを作成しようと試みた。1つは，ヒルの *The Young Secretary's Guide, Or A Speedy Help to Learning* や，グッドマンの *The Experienced Secretary, Or Citizen's & Countryman's Companion* に見られるように，構成を二部に分け，一部では従来のレターに関する教えを，二部では法律文書に関する解説を加えた。この試みは，当時の読者のニーズを満たしたようである。事実，ヒルの *The Young Secretary's Guide, Or A Speedy Help to Learning* は，内容上の斬新さはなかったにもかかわらず，18世紀半ば過ぎ（1764年）まで

店頭に並び，好評を博した（表4参照）。

　もう1つは，内容をレターの書き方に限定するのではなく，商取引・ビジネスを中心に説明・解説した試みである。これは，16世紀のブラウン（John Browne）の *The Marchants Avizo* の傾向を引き継いだもので，ヒルの *The Exact Dealer* や，ホウキンス（John Hawkins）の *The English School-master Compleated* など，ビジネスの「入門書」的なものである。

　上述のように，17世紀後半のロングセラーは，ヒルの *The Young Secretary's Guide, Or A Speedy Help to Learning* のみであった。この時代のマニュアルの特徴（「他書からの引用・模倣」）を考えると，当時の他のマニュアルの不人気さは当然かもしれない（表4参照）。

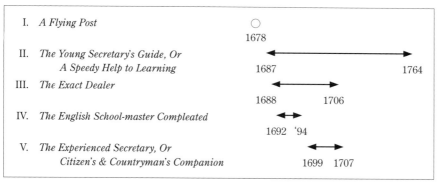

表4　17世紀後期に出版されたマニュアル

I.	*A Flying Post*　　○ 1678
II.	*The Young Secretary's Guide, Or A Speedy Help to Learning*　　1687 ──── 1764
III.	*The Exact Dealer*　　1688 ── 1706
IV.	*The English School-master Compleated*　　1692 '94
V.	*The Experienced Secretary, Or Citizen's & Countryman's Companion*　　1699 1707

2．18世紀のマニュアル

　18世紀になると，著者たちは，17世紀後半のマニュアルの傾向を参考に，二種類のマニュアルの作成を試みた。1つは，16世紀の *The Marchants Avizo*，17世紀後半の *The Exact Dealer* などの流れをくむ，経済・ビジネスに特化した実用（書）的なものである。18世紀の *Youth's Introduction to Trade and Business*，

Epistole Commerciales, or Commercial Letters, in Five Languages, viz. Italian, English, French, Spanish, and Portuguese が該当する。まさに，商人を対象とした実用書といえる。とりわけ，ワイズマン（Charles Wiseman）の *Epistole Commerciales, or Commercial Letters, in Five Languages, viz. Italian, English, French, Spanish, and Portuguese* は，書名の通り，5ヵ国語（イタリア語，英語，フランス語，スペイン語，ポルトガル語）でレターを書けるように工夫されており，当時，頻繁に欧州諸国を移動していた貿易商人にとっては，容易に参考にしたり，表現をそのまま流用できたり，非常に便利なマニュアルであったと思われる。

　もう1つは，クーチン（Antoine de Courtin）の *The Rules of Civility; or The Maxims of Genteel Behaviour*（1671）の傾向を引き継いだものである。状況にふさわしいレターを書けることは，社会生活上必要な知識，礼儀作法の一部にすぎないという考え方で，教養を重視したものである。リチャードソン（Samuel Richardson）の *Letters Written To and For Particular Friends, On the most Important Occasions*，クック（Thomas Cooke）の *The Universal Letter-Writer; or New Art of Polite Correspondence* が，これに該当する。

　18世紀における，このような「実用書」的なものと「教養書」的なものという二大区分は，読み書き能力が比較的高かった当時の読者にとっては非常に有益であった。

表5　18世紀に出版されたマニュアル

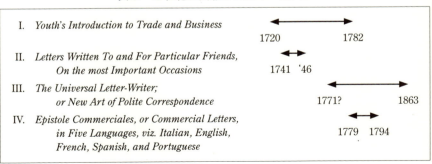

このように，18世紀のマニュアルは，読者のニーズを尊重していた。その結果，読者は，18世紀のマニュアルから，実務上（商取引・ビジネス）の「副読本」として，あるいは特定の状況にふさわしいレターの作成に役立つ「参考書」として活用し，学ぶことができたようである（表5参照）。

　以上のように，16世紀に引き続き，17，18世紀にも，当時の若者や商人のニーズに応えるべく数多くのマニュアルが続々と世に出ていたようである。
　それでは，当時の人々がそのマニュアルをどのように活用していたか，次の章で検討する。

（注）
1) Eve Tavor Bannet, *Empire of Letters*, 2009, p.20.
2) *Ibid.*, p.19.
3) Nicholas Breton, *A Poste with a Packet of Madde Letters*, 1609, Preface.
4) M. R., *A President for Young Pen-men, or The Letter Writer*, 1638, Preface.
5) John Massinger, *The Secretary in Fashion*, 1654, Preface.
6) Philomusus, *The Academy of Complements*, 1640, Preface.
7) *Ibid.*, Preface.
8) 稲津一芳『英語通信文の歴史』同文舘出版，2001年，183-188ページ参照。
9) 同上，189-193ページ参照。
10) 同上，197-200ページ参照。

序章3　マニュアルの活用

　人々はどのようにして「レターの書き方」を学び，習得していったのか。このニーズを満たすために，マニュアルはどのような働きをしたのであろうか。言い換えると，人はどのようにマニュアルを活用し，その能力・技術を身につけたのであろうか。

　まず，若者の一番身近な学校で，彼らは，レターの書き方に関して，どのように教えられていたか，以下，見てみることにする。

1. 教育の場での活用

　教育の場において，
　　「レターの書き方は若者の一般教育の基礎となった」[1]
の通り，レターの書き方を学ぶことの必要性が指摘されている。そのための教本として，マニュアルが活用されたのである。事実，マニュアルの著者ホッグ (Henry Hogg) は，
　　「マニュアルが例外なくすべての学校に導入されるべき」[2]
と，教育の場におけるマニュアル導入の必要性を強調している。

(1)　教室での活用方法

　いわゆるレター集ともいえるマニュアルを使って，学生はどのように教えられ，学んでいたのだろうか。具体的な方法は，次のようであった。
　17世紀前半，当時の学校では，

「彼（教師）と生徒たちは，簡単なラテン語のレターを読む。次に，その内容をラテン語と英語で要約する。簡単な書簡文（レター）が習得されたら，生徒たちは，レターの返事を作成する。そして，より難しい書簡文（レター）へと進んでいった」[3]

のように，段階的な教え方が採用されていた。このラテン語と英語の2ヵ国語を使った翻訳方法（"double-translation system"）は人気が高く，以後，多くの教師もこの教え方を採用している[4]。

また，ある学校では，学生に対して，定期的にレターを書くことを要求していた。例えば，

「男子学生のレターは，学校では暗黙の了解であった。そこでは，教師が学生に対して，週に一回，家にレターを書くことを求めた。それは，学生のレターを書くことの訓練と，授業料を負担してくれている両親に対して，息子が字をきちんと書け，レターも書けるという教育の進捗状況を示すことを目的としていた」[5]

など，要するに，高い学費を負担してくれている親に対して，学校・教師の側から子供の教育効果を示すための宣伝の意味もかねていた，と思われる。

同様な試みとして，ある教室では，次のような方法が取られていた。教師が最善と思われるマニュアル（レター集）を選び，教室では，教師（私）が，

「数人の学生を立たせ，その中から一人を指名し，レターを上手に読ませる。次に，私が学生たちにレターを読み上げ，レターの内容やスタイルについての解説を加えたり，学生の意見を求めたりする。さらに，当該レターの返事がある場合，（マニュアル記載の）返事のレター例を読む前に，学生にどのような返事がふさわしいか質問する。彼らのレター文が，マニュアルの著者が示した例文と一致するようなことがあれば，学生のやる気はますます高まる。総じて，このような授業の印象が末永く記憶に残り，学生の理解力も一段と高まる」[6]

と，マニュアルを活用した教育効果が強調されている。

さらに，教師が学生の作成したレター文を修正することによって，その書き

方の理解をより確実にする方法も取られている。それは,

> 「学生が訂正された箇所をきちんと記憶に残すことができるように,教師は,彼らに添削された後のレター全文を再度,書き写すように命じた」[7]

やり方であった。

(2) 「模倣」による習得

上記のように,教師は,学生に対してより効率的に教えるために,レターの音読や（繰り返し）書くことを強いる方法を採用した。その一番の基本は,マニュアル上のモデルレターを模倣することであった。マークハム (Gervase Markham) も自著 *Conceited Letters Newly Layde Open, etc.* の序文で,

> 「本書から,読者が期待するような利益や著者の意図するような効果を得たいならば,読者は,本書のレター例文を愛し,読み,真似ることである」[8]

と述べている。例えば,学校へのマニュアルの導入は,

> 「若い男女学生が,レター内容にふさわしいモデルレターを書き写し,それを各々友人に出す」[9]

ことを目的としていた。このように,学生にとって,モデルレターを真似て,友人にレターを書くことが,レターの書き方を学ぶうえでの望ましい方法の1つであった[10]。

この「模倣する」方法の有効性について,

① 「読者は,マニュアル・教本上のレターの真似,言い換えによって,レターを書くことを練習する」[11]

② 「レターの書き方は,レターに関する教え・解説がなくても,レター例文の真似によって習得される。それは,モデルレターは確かに,規則・説明よりよりわかりやすいからである」[12]

③ 「学校では,（レターの）書き方は,他のレターの内容や言葉の書き写しや模倣（つまり,言い換え,一部修正,書き直し）によって習得さ

れる」[13]

など，模倣によるレターの書き方の習得の効果が強調されている。

(3) ラテン語教育の補完

　レターの書き方を，若者・学生は学校で学ぶ必要があったのか。それは主に，ラテン語教育の弱点を補うためであった。例えば，

　　「ラテン語学校の古典教育は，生徒に母国語でレターを書くことを適切に教えていなかった」[14]

ために，古典を学んでも，必ずしも母国語（英語）でレターを書くことはできなかったようである。事実，

　　「パブリックスクールやラテン語グラマースクールの卒業生は，ラテン語から英語への翻訳はできるが，自分たちの気高い思いを言葉で言い表すことはできない」[15]

また，

　　「たとえどんなにギリシャ語，ラテン語が上達しても，彼らは，まるで日本や喜望峰で生まれたかのように，（単なる音声は除き）母国語についてはよく知らないことは明らかである」[16]

などと指摘されている。

　このような母国語でレターを書く能力の不十分さを補うために，マニュアルが重宝された。つまり，

　　「レターマニュアルは，ラテン語教育の潜在的な補完書として存在した」[17]

と，その意義が強調されている。

　残念ながら，先述した（29 ページ），「外国語のラテン語と母国語の英語の翻訳・要約」，いわゆる "double-translation system" は，十分に機能せず，期待通りの教育効果を得られるまでには至っていなかったようである。

2.「レターを書く」技術の習得目的

　人々は，特に若者は，なぜ，レターの書き方を学ぼうとしたのであろうか。それは，社会に出てこれから働こうとする若者にとって，レターを上手に書けるということは当然，求職にも有利であったはずである。

（1）「レターの書き方」を学ぶ必要性

　実際，ビジネス上の通信文（レター）の必要性について，ワッツ（Thomas Watts）は，
　　「ビジネスに従事する人は誰でも，通信文をきちんと書ける人でなければ
　　ならない」[18]
と述べ，
　　「礼儀正しく，上品な言葉で話したり，書いたりすることは，ビジネスに
　　対して大きな影響力を持つので，無視できない」[19]
と，説明している。このように，
　　「商人や貿易業者は，裁判所や教会以外の社会において，最もレターが必
　　要であり，その書き方を知っておくべき最初のグループに属している」[20]
ので，商人の書く能力は必須であったと思われる。
　しかしながら，当時の商人は，必ずしも書く能力を十分に備えていたとは限らない。例えば，ある程度読む能力のある商人は，
　　「読めるけれども自分の名前程度しか書けない人は，自分の思いをふさわ
　　しい方法で表現する通常のビジネスレターの口述の仕方を，少なくともマ
　　ニュアルから学ぶことができた」[21]
とあるように，商人は，マニュアルを通して，レターの正しい書き方の習得を目指していた。

(2) レターの上品な書き方＝評価の対象

　商人が状況にふさわしいビジネスレターを書くことを求められるのは，当然であった。その書き方に関して，マニュアルでは，

　　「私は，あなた方読者に親しみのある書き方を勧める。難しい言葉も美辞
　　麗句もいらない。……」[22]

と，読みやすさとわかりやすさが強調されている。そのため，ラテン語のことわざなどを引用した旧式な表現，外国語を多用した流行語的な（新しい）表現の使用を戒めている[23]。

　また，商人は時に，その身分によって，レターの言語能力は左右される，といわれている[24]。つまり，商人である発信者のレター文の書き方，表現などによって，彼の地位・身分さえも判断されるのである。例えば，遠隔地者間の信用販売取引の場合，商人の財務上の信用力は，信頼性，取引慣行の遵守などに加えて，その人の（書く）能力も判断の材料の1つとして扱われた[25]。

　　「その人の信用は，……レターの中で，自分自身についての紹介の仕方に
　　依存している」[26]

わけである。つまり，

　　「貿易は，ある国の商人と他国の商人間のレターによる交渉によってのみ
　　行うことができるので，商人レターは常に，彼自身の能力の判断基準とな
　　り，……彼への信用供与期間の延長のための望ましい手段となる」[27]

といえる。

　このように，レターの書き方によって，商人の能力，信用力が判断されることもあるので，商人は常に，より良い印象を与える工夫が必要であり，レターの上品な書き方が求められた。例えば，ある有能な商人は，

　　「一般的な書き方よりも何か優れた方法（書き方）で文通することができ
　　ることは，その人にとって，初期の頃の地位の低い身分から，さらに有利
　　な立場に立たせる手段であった。つまり，この（書く）能力のおかげで，
　　彼は非常に大きな手数料ビジネスを獲得できた」[28]

ことを明らかにしている。したがって,
　　「レターを上品に書く技術は,商人にとって,必要かつ身につけるべく資質である」[29]
といえる。

3. 職場での活用

英国では当時,商人希望の若者は,いわゆる徒弟制度といわれる一定期間（7年間）の研修（奉公）が求められていた。その期間に,彼らは,基本的な知識・技術を習得したはずである。

(1) 研修中―実務を通しての技術の習得

職場でも,実習（研修）中の若者は,書く技術の習得のために,模倣というやり方を踏襲していた。例えば,
　　「実習生は,実習期間中,主人のために絶えず,ビジネスレターや実務上の慣例などを書き写すことによって,いわゆる実務体験を通して,ビジネスの方法や書簡形式などを習得していったようである」[30]
のように,実習中の「書き写す」作業から,業務に必要な知識や技術を吸収していったと思われる。しかし,若者が働きながらレターの書き方を学ぶことは大変であった。実際,
　　「多くの商人は,自分の意思を明快かつ洗練された表現で伝えたいと思いながらも,日常業務に追われ,学習する時間的な余裕がない」[31]
など,現実は厳しかった。例えば,国内取引に従事している商人のところで研修している若者の場合,
　　「研修の一年目に,彼は当然,諸々の商品（液体や固形物）の計量（重量,寸法）の仕方,商品の荷造り,梱包の方法など,肉体労働的な業務を学

ぶ」[32]

必要があった。また，ある程度経験を積んだ後半では，

「彼は，取扱商品の売渡品目録を調べる。その調査から，彼が最初に学ぶことは，あらゆる商品のコストがどのくらいなのか，知ることである。つまり，利益の場合は，どのくらい得られたのか，損失の場合は，どのくらい失ったか，など判断できる。当然，彼は，このことから，優良商品の長所を調べ，その理由を把握する。反対に，期待通りでなかった商品の場合，その損失の理由を探るために，当該商品を調べ，その欠陥を明らかにすることができるようになる」[33]

と，取扱う商品の経済的価値を意識することを学んだ。

このように，段階的に徐々にではあるが，実際の業務に親しみ，学び，覚えることは，大変で，忙しい日々を送っているのが実情であった。しかし，このような困難な状況下でも，

「……彼らが簡単に利用できるような虎の巻として，様々な状況に適したレター例文を提示した……。若者は，レター例文を参考に，あるいは一部の手直しだけで，状況にふさわしいレターを作成することができる。さらに，無学な人には，基礎となる文法を簡潔にやさしく説明してあり……」[34]

など，多忙な若者向けの比較的読みやすいマニュアルが存在していた。

このように，向上心の強い若者は，業務の合間に，より早い技術の習得と業務の理解を助けるために，マニュアルを活用していたと思われる。

(2) キャリア・アップの可能性

当時，能力のあるレターの書き手にとって，成功・出世の可能性は大きかった。実際のところ，

「有能なレターの書き手にとって，行政，政府，商業や貿易におけるしかるべき部門に，すでにキャリア・アップの構造が存在していた」[35]

ようである。それ故に，商取引部門においては，最初の単なる書き手，あるい

は身分の低い事務員から，交渉・通信担当の専門家，もしくは海外での仲介人，最終的には共同経営者にまで上りつめることも可能であった[36]。確かに，書く能力さえあれば，商人は前途洋々，雇用・昇進のチャンスが大きかったようである。

同様に，

「この国の多くの人は，若い時に外国で過す。そのような時に，……状況に適した優れたレターを書くことができれば，そのことが彼らの母国での地位の上昇に役立つのではなかろうか。明確かつ思慮深い，上品なレターは，その書き手の母国における地位の確立に役立ち，……そのレターを読んだ人々の間で，レターの書き手の評価は高まり，将来の高い身分・地位へ上る基礎をしばしばもたらす」[37]

など，有能なレターの書き手である若者の将来の見通しは非常に明るい，と指摘されている。

このように，状況にふさわしいレターが書けるということは，あたかも，

「（その能力が）若者の前を開拓者のように進み，道を平らにし，将来の名誉と繁栄へと導く丘を切り開いていく」[38]

かのように，

「読み書き能力は，成功するためのパスポートであった」[39]

のである。例えば，商人ラングトン（Thomas Langton）は，

「レターの読み書き能力が，いかに商取引上の成功に結びついているか」[40]

を明らかにするために，

「明瞭な目的のあるレターを求めた。それが，……ビジネスの成功にとって非常に重要であった」[41]

と主張している。実際，彼は，息子に対して，

「上手に書くことは，ビジネスにおいて，……有益な特技である」[42]

と述べ，

「……書く技術の向上に努めることを特に勧める。それは，上手に書ける

ことが商取引に携わる人にとって，大きな強みとなり，また，将来，あなたにとって大いに役立つはずである。……」[43]

と，ビジネスに従事し，成功するために，状況にふさわしいレターの作成が必要かつ重要であると強調している。

特に 18 世紀は，レターの黄金時代でもあった[44]ことから，

「18 世紀の新進気鋭の若者は，……有能なレターの書き手である」[45]

ことも当然であろう。

4. マニュアルの存在意義

これまで見てきたように，この時代の遠距離間のコミュニケーションの主な手段は，依然としてレターであった。特に商取引・ビジネスでは，記録保存の必要性から，レターは必要不可欠なものであった。

工場で「モノ」の生産に携わる，いわゆる肉体労働者を除き，特に事務部門で働く人にとって，「書く能力」は必須の技術であった。彼らは，より良い職を得るために，さらには，その後の成功，キャリア・アップのために，書く能力を身につけることが必要であった。確かに，レターを書く能力は，雇用の必須条件の 1 つであり，将来の成功への有力な条件でもあった[46]。

事実，レターに依存する割合の高い事務担当者や商人などにとって，

「レターを書くことは，彼らのビジネス生活……において，強力な財産となった」[47]

同様に，中流階級の人々にとっても，

「レターの読み書き能力は，中流階級の人々のビジネス生活，家庭生活，……において，共通の特性であり，強力な武器であった」[48]

といえる。そこで，若者は積極的に，この技術の習得に努力した。学校や職場，自宅でも，学ぶ機会はあった。彼らは，そのために，マニュアルを活用した。マニュアルは，読者がモデルレターに目を通し，参考にしたり，書き写し

たり，模倣するために，
① 学校の教材として使用された。
② 職場の実習（研修）生として学ぶ，自習用の教材として役立った。
③ 日々の生活において，学ぶことが必要な時に，いつでも手に取れる身近な教材として活用された。

のである[49]。

このように，マニュアルは常に，人々の身近に置かれ，必要な時にいつでも，すぐに手にすることができた。特に，特定の問題を理解したい，あるいは困難な状況を打破・解決したいという目的意識のはっきりした人にとっては，この上ない手軽で便利な独習用の教本であった[50]。

このマニュアルの働きのおかげで，
① 地方独特の方言や発音，慣行，教育程度など異なる人々の間の相互コミュニケーションが促され，その結果，分散している地域をまとめた。
② 母国語（英語）の表現が不十分な，いわゆる高等教育の弱点ともいえるラテン語教育の欠陥や，地方の小規模教育の限界を補った。さらに，行政府，商取引などで求められる職業上のやや専門的な書き手の育成に役立った。
③ 単一の標準言語や礼儀正しいコミュニケーションの方法や文化を広めることによって，あらゆる国々の商取引に従事する人々の，文字を活用した商取引に必要な共通の場を提供した。

など[51]，マニュアルの存在意義が明らかである。

やがて，18世紀になると，状況に応じたレターを書けるということは，これまで述べてきたような一部の人々特有の能力・技術ではなくなってきた。おそらく，

「不断の文字を書く練習，日常的な書き写し・模写，単一形式の継続的な繰り返しを通して，レターを書くことは，人々の読み書き能力を高めるのに役立った」[52]

ことであろう。

　18世紀半ば（1745年），主教ジョゼフ・バトラー（Bishop Joseph Butler）は，
「以前と異なり，貧乏な人も，読んだり書いたりすることができないと，一種の恥辱と感じるようになった」[53)]
と，述べている。また，18世紀末頃には，
「エリートでもなく，中流階級に属さない人々の間で，レターは，かつて我々が思っていたほど例外的な現象ではなく，また，今世紀末までには，一般の働く人々は，……レターを書くことを当たり前のことと見なしていたことが明らかとなった」[54)]
確かに，
「読み書き能力は，人が生きていくうえで必要なものとなった」[55)]
はずである。

　商取引・ビジネスに従事している人々にとって，レターを書くことは，業務上当たり前のことになり，結果的に，商取引・ビジネスに携わっていない普通の人々の書く能力も向上してきたといえる。これも，読者の身近にあり，容易に手に取ることができたマニュアルの存在があったからこそであろう。やや大げさかもしれないが，マニュアルなしでは，「レターの書き方」の技術習得・普及は不可能だったかもしれない。

（注）
1) Eve Tavor Bannet, *Empire of Letters*, 2009, p.18.
2) Henry Hogg, *The New and Complete Universal Letter-Writer or Whole Art of Polite Correspondence*, 1790?, Preface.
3) Susan E. Whyman, *The Pen and the People*, 2009, p.12.
4) *Ibid.*, p.12.
5) Bannet, *op. cit.*, p.23.
6) *Ibid.*, p.19.
7) *Ibid.*, p.94.
8) Gervase Markham, *Conceited Letters, Newly Layde Open, etc.*, 1632, Preface.

9) Hogg, *op. cit.*, Preface.
10) Bannet, *op. cit.*, p.18
11) *Ibid.*, p.19
12) *Ibid.*, p.94
13) *Ibid.*, p.94
14) *Ibid.*, p.23.
15) *Ibid.*, p.23. (Robert Campbell, *The London Tradesman*, 1747, p.85)
16) *Ibid.*, p.23. (Campbell, *op cit.*, p.85)
17) *Ibid.*, p.23.
18) *Ibid.*, p.26.
19) *Ibid.*, p.26.
20) William Webster, *An Attempt towards rendering the Education of Youth more Easy and Effectual*, 1726, p.87.
21) *Ibid.*, p.26.
22) I. W. Gent., *A Speedie Poste*, 1629, "Advice for writing Letters".
23) *Ibid.*, "Advice for writing Letters".
24) Bannet, *op. cit.*, p.26.
25) *Ibid.*, p.26.
26) *Ibid.*, p.26.
27) *Ibid.*, p.26.
28) *Ibid.*, p.27.
29) *Ibid.*, p.25.
30) *Ibid.*, p.94.
31) Thomas Cooke, *The Universal Letter-Writer, or New Art of Polite Correspondence*, 1771?, Preface.
32) Daniel De Foe, *The Complete English Tradesman*, Vol. I, New York: Burst Franklin, 1889 (rpt. 1970), p.5.
33) *Ibid.*, p.6.
34) Cooke, *op. cit.*, Preface.
35) *Ibid.*, p.29.
36) *Ibid.*, p.29.
37) *Ibid.*, p.29.
38) Bannet, *op. cit.*, p.29.
39) *Ibid.*, p.29.
40) Whyman, *op. cit.*, p.41.
41) *Ibid.*, p.41.
42) *Ibid.*, p.41.
43) *Ibid.*, p.41.

44) *Ibid.*, p.228.
45) Bannet, *op. cit.*, p.30.
46) Whyman, *op. cit.*, p.228.
47) *Ibid.*, p.223.
48) *Ibid.*, p.113.
49) Bannet, *op. cit.*, p.94.
50) Louis Wright, *Middle-Class Culture in Elizabethan England*, 1963, p.169.
51) Bannet, *op. cit.*, p.x.
52) Whyman, *op. cit.*, p.220.
53) *Ibid.*, p.221.
54) Bannet, *op. cit.*, p.33.
55) Whyman, *op. cit.*, p.221.

第 II 部　英文ビジネスレターの変遷

第1章　16世紀の英文ビジネスレターの特徴

　書き言葉として英語の使用・普及に貢献した王[1]といわれたヘンリー5世の治世（1413-1422年）は，残念ながら短命に終わったが，王の影響力は非常に大きく，英国での英文レターは1425年頃を境に，急速に増えていった[2]。

　例えば，当時の有力な商人（パストン家，ストナ一家，セリー家，プランプトン家など）の書簡集に見られるように，英文レターが商取引での通信手段として普通に使われていたことが明らかである。

　ただ，主たる内容は，当然，商取引に関するものであったが，それ以外の用件と思われる家族，友人の健康問題や身の回りの変化など私的な事柄が加味されていた。言い換えると，当時の発信者は，一定の書式を守りながらも，自分の思いをやや気ままに，冗長に書くのが一般的であった。

　当然のことながら，当時は，専門家である写字生，書記が大半のレターを作成していたため，当時の商人レターには，レターとしての共通の書式・スタイル，傾向が見られた。おそらく，事務担当者である彼らが種々の受発信レターを保管しておき，必要に応じて参考にし，時にはレター書式・スタイルや表現をそのまま流用したせいかもしれない。

　16世紀になると，英語の通信文（レター）が広く活用されるようになり，レターを書くことが特定の人（上流階級の人々や専門家）だけでなく，普通の商人にも求められるようになった。同時に，印刷技術の発達，活字文化の浸透などにより，英文レターの書き方に関するハウツウもの，（レター）マニュアルが求められるようになったのは自然の成り行きであった。

　1568年，仏語版から英訳された *The Enimie of Idlenesse* が，英語で書かれた最初のマニュアルであった。以後，続々と人気の高いマニュアルが発行されるようになった。

本章では，下記16世紀のマニュアルを中心に[3]，当時の通信文（レター）の書き方，書式・スタイルなどの特徴を明らかにする。また，モデルレターと実際の商人レターとの比較を通して，その違いを明らかにしたい。

 I. William Fulwood, *The Enimie of Idlenesse* (1568-1621)

 II. Abraham Fleming, *A Panoplie of Epistles* (1576)

 III. Angel Day, *The English Secretary* (1586-1635)

 IV. John Browne, *The Marchants Avizo* (1589-1640)

 V. John Hoskins, *Directions for Speech and Style* (1599 or 1600)

1. 通信文（レター）について

16世紀は，通信手段が徐々に普及していった時期と思われるが，通信手段として比較的容易に活用できるレターは当時，どのように考えられていたのであろうか。現代と比べものにならないほど重要であったことは容易に想像できる。

当時のレターの役割・機能について，

「書簡あるいはレターは，お互いに離れている者同士があたかも目の前にいるかのように自分の考えを明らかにした文書にほかならない」(I.：pp.1-2)

「書簡あるいはレターは，不在者間の一種の話し合い，もしくは情報伝達（コミュニケーション）である」(II.："An Epitome of Precepts")

「書簡は，一般的に呼ばれるレターのことで，不在者の意思を伝えるという役割から，伝達者（メッセンジャー）あるいは不在者の親しいスピーチと呼ばれる。つまり，レターが相手に届いた場合には，その中で不在者の心の中に浮かんだ言いたいことすべてが明らかになる」(III.：p.1)

「（書簡は）ある不在の友人から他の友人への親しみのある相互の談話である」(III.：p.8)

などと説明されている。

16世紀時代のレターは，直接会って話のできない友人に自分の思いを伝えることのできる数少ない通信手段の1つで，対面的な話し合いを補完するものと考えられていた。したがって，レターの活用により，当事者たちは，

> 「お互いが遠くに離れている場合でも，あたかも友人同士が談笑し，楽しい時を過ごしたかのように，心と心の触れ合いから生じる喜びが得られた」(I.：p.3)

はずである。

このように，遠距離間の空間を埋めるのに重要な役割を担ったレターは，具体的にはどのように書けばいいのであろうか。

2. 通信文（レター）の書き方について

当然のことながら，当時の人々は，レターの書き方に関してはほとんど素人同然であった。そのため，マニュアルの著者フルウッド（William Fulwood）は，

> 「熟練者はあまり教師を必要としない。教えを必要としているのは未熟な学生である。そのため，私の（出版の）意図は，無学な人がレターを書くのに最も役立つであろう規則や教えをこの本で提示することであり，このような指示は有益かつ必要である」(I.：序文)

と，マニュアルの対象を無学な人に限定している。

また，フレミング（Abraham Fleming）は，その対象を学のある人と無学な人に分け，十分な知識と判断力を持った学のある人に対しては，

> 「私は，余暇の活用のために読んだり，楽しみながら精読するために本書を提示する。なぜなら，学ぶことの退屈さは，楽しみの要素が混ざることによって軽減されるということを自分自身の経験から学んだ」(II.：序文)

と，読書の楽しみを強調している。

一方，無学な人に対しては，

「私は、理解を妨げる敵対者や天敵ともいうべき無知に備え、対抗するために必要な手段（守るべき武器）として本書を提供する」(II.：序文)

と、その教えの有用性を説いている。

　ここでは、マニュアルを手にすることにより、学のある人には楽しみを、無学な人には有益な教えをもたらすと強調されている。一般的にいうと、マニュアルの性格上、レターの初心者が基本から学べるように意図されているのが普通であろう。

（1）　望ましい書き方

　一般に人は、レターに限らず「書く」という行為に構えてしまう。まして書くことにあまり慣れていない当時の人々にとって、ペンを取ることは特別なことであった。当時の人は、レターで自分の意図をわかりやすく伝えることよりもその形式にこだわり、表現も日常の言葉ではなく、硬い言い回しになりがちであった。

　そこでまず、発信者は、レターを書く場合の心構えとして、

　　①　自分の知識、能力以上のものを書いてはいけない。
　　②　風変わりな未知の表現で書いてはいけない。

など (I.：p.9) と、教えられている。レターには、

「一般的かつ親しみのある言葉で十分である。あまり一般的でない回りくどい表現やラテン語から引用された衒学的な言い回し、卑しい・野卑な語句の使用は避けなければならない」(I.：p.10)

のである。したがって、レターの発信者は、

　　①　適切な単語と文章を選択する。
　　②　簡潔な説明を行う。
　　③　話題にふさわしい内容にする。

こと (III.：p.2) が必要となる。実際にレターを書く場合には、

「いろいろな状況の中からどのような内容のものにすべきか、特定の話題

を選び，それをどのように表現するか考える。次に，それらの表現を文法的に正しく配置する。そして，相手への訴求度を高めるための効果的な修辞学上のスタイル（雄弁術）を採用する」(III.：p.9)

「主題となる問題を整理し，その重要性を認識する。そのうえで，（レターを）書く相手の立場，状況を十分理解し，相手にふさわしい統一された文章で書く」(V.：p.4)

ことが求められる。

具体的には，以下4項目に注意して書けば，より望ましいレターとなる(V.：pp.6-8)。

① 簡潔（"brevity"）：レターは，論文や講演と異なり，なるべく手短に書く。一種の単語の節約が必要となる。そのためには，問題の経緯をよく検討し，自分の意図が相手に正確に伝わる的確な語句を用い，内容を明白にする。取るに足りない細かい事項は排除し，必要と思われることだけに限定すればよい。無駄な賛辞，前置き，挿入句，不必要な比喩，本筋からずれた説明などは避ける。……

② 明瞭（"perspicuity"）：この問題は，前項（「簡潔」）にも関連する。語句が少なすぎるとスピーチが不明瞭になる。逆に，多すぎるのもわかりにくい。……明瞭さを出すために，自分の用件をよく考え，まとめたものを口頭で説明し，他の人に評価してもらう方法もあるが，話し下手の学者の例にたがわず，上手な説明と優れた内容は必ずしも一致しない。幸いにも，書くことは話すことと異なり，書かれたものは最終的には目で確認，訂正することができる。……

③ 平易（"plainness"）：自分の主張を明らかにする場合，読者が容易に理解できるように，意味が正確に伝えられ，しかも洗練された語句を使う必要がある。多くの表現の中から的確な語句を選択しなければならない。……

④ 敬意（"respect"）：レターでどのような問題を扱うべきか，自分自身にとって何がふさわしいか，相手にとって何が適しているかなど，状況を見分ける的確な判断が求められる。特に，上位の人にレターを出す場合，相手の興味に応じて，親しく書くか，恭しく書くか，相手の理解力や時間的余裕を斟酌して，簡単に書くか，詳しく書くかなど，決めなければならない。……「神に奉仕しなさい。そうすれば残りの者はあなたに奉仕するでしょう」のごとく，神に敬意を払い奉仕することにより，自分の能力が高められることがある。……

　上記④で「神」に言及しているように，当時の人々の神に対する思いは特別で，常に神に感謝することは，商人にとっても必要であった。例えば，若い商人が初めて外国に行く場合に，

「目的地（港）に安全に到着したらすぐに，あなたを慈悲深く守ってくれた神に対して心から恭しい感謝の気持ちを捧げること」（Ⅳ.：p.9）

が必要で，さらに，

「最も重要なことは，全能の神に対する従順な奉仕を忘れてはならない。毎朝，毎夜，神に祈り，温かく守ってくれたことに謙虚に感謝すべきである」（Ⅳ.：p.11）

など，若者の「神への信仰」の大切さが強調されている。また，若い商人が異国で生活する場合，

「スペインなどの外国にいる場合は常に，慎重な行動や態度を取るように心がけ，現地の人に対しては，低姿勢で礼儀正しく接する。また，現地の法律や習慣を学び，守る必要がある」（Ⅳ.：pp.10-11）

また，同様に，

「すべての人に対し常に，自分自身の態度を低く，礼儀正しく，親切にすること。優しく控え目に振る舞うことによって，自分の怒りや悪感情を和らげたり，友人との友好関係を深めることができる」（Ⅳ.：p.10）

など，倫理・道徳の大切さも教えている。

　当時は誰でも，可能な限り相手を敬うことが求められていた。この考えは，レターの書き方にも強い影響を与えている。

(2)　上下関係（階級）を意識した書き方

　当時は依然として階級社会で，人々は常に，相手の社会的地位を意識せざるを得なかった。レターといえども，相手の地位によって書き方を変える必要があった。例えば，

　　「本書の教えは，受信者の身分（上位・同等・下位者）に応じた，あらゆる種類のレターの書き方について完全な基礎を示すことである」(II.：表紙)

と，上下意識の必要性が強調されている。発信者は常に，

　　「受信者を自分より上位の者（皇帝，王，君主など），同等の者（商人，市民など），下位の者（使用人，労働者など）とに分けて書く」(I.：p.3)

必要があり，社会的地位（階級）を意識しなければならない。例えば，上位者である聖職者宛ての場合，

　　「神と呼ばれるほど高い地位なので，十分に尊敬しなければならない。しかし，理由もなしに過度に賞賛したり，お世辞を言う必要はない。基本的には，相手の気持ちを害しないように，軽率，無分別に書かないように気をつければよい」

　また，同等者である友人宛ての場合，

　　「内容が楽しいものなので，長くても短くてもよい」

さらに，最も書きにくい敵対者宛ての場合，

　　「非難や議論になりやすいので，なるべく簡潔，用意周到に書く」

など (I.：pp.8-9)，わかりやすく説明されている。

　また，形式にもこだわる必要がある。レターを終える時に，発信者は，

　　① 　上位者に対する場合（「右側」に書く）：

　　　　"By your most humble and obedient Son, or servant, &c."

"Yours to command, &c."
② 同等者に対する場合（「中央」に書く）：
"By your faithfull friend forever, &c."
"Yours assured, &c."
③ 下位者に対する場合（「左側」に書く）：
"By yours, &c."

など，相手の地位に応じた結尾語の表現だけでなく，末尾（結尾語，署名）の位置も変えなければならなかった（I.：pp.4-5）。もし当時の人々がこの教えに従った書き方を尊重していたとしたら，当時のレターの末尾を一見しただけで，発信者と受信者の上下関係がわかることになる。

この外見上の形式だけでなく，書き方のスタイル，トーンにも気をつけなければならない。発信者は，レターの内容に応じて，

① 王，皇帝などの身分の高い人の勇敢な行為などに触れる場合には，修辞的な比喩，文彩を駆使して格調高く（"Sublime"）書く。
② 日常の出来事や案内状など，最も単純な，いわゆる社交文の場合には，控え目に（"Humile"）書く。
③ 一般的な事件の解説や説明など，内容的に高・低のない事柄の場合には，普通に（"Mediocre"）書く。

こと（III.：p.10）も求められた。いわゆる商用（ビジネス）レターは，上記②あるいは③の書き方があてはまる。

このように，レターを書く時には，発信者は常に，受信者の地位を意識し，不快にさせないような相手の立場にふわさしい修飾語を採用する必要がある。例えば（一部引用），

① 専門職の者（医者）宛ての場合："Cunning" "Singular" "Honest", etc.
② 血縁関係者（父）宛ての場合："Welbeloved" "Reverend" "Right good", etc.
③ （貴族）夫人宛ての場合："Honest" "Dertuous" "Noble", etc.
④ （未婚）女性宛ての場合："Faire" "Well favoured" "Beautiful", etc.
⑤ 若者宛ての場合："Honest" "Sober" "Generous", etc.

⑥　軍人宛ての場合："Valliant" "Hardie" "Manfull", etc.
　⑦　職人宛ての場合："Perfect" "Approved" "Skillful", etc.

など（II.："An Epitome of Precepts"），それぞれの修飾語の例は，受信者の職業，身分に応じて書き分ける際に非常に参考になる。

　また，上下関係を意識した宛名の書き方として，
　①　上位者に対する場合：相手に十分敬意を示すような宛名（名前，住所，役職など）の書き方が必要である。相手を敬うための修飾語として，"most high" "most mighty" "right honourable" "most redoubtable" "most royal" "most worthy" "most renowned" など，最上級か比較級が望ましい。
　②　同等者に対する場合：相手を敬うのは上位者の場合と同じであるが，ここではやや親しみをもって書く。修飾語は，"wise" "sage" "honourable" "worshipful" "discreet" "renowned" など，最上級の使用はまれである。
　③　下位者に対する場合：こちらの意図を十分理解してもらうために，簡潔，単純にする。目上の人には"You"，下位の者には"Thou"など，呼びかけの違いには気をつける。

など（I.：pp.3-7），注意しなければならない。

　さらに，必ずしも高官とは限らないが，商人宛ての場合に役立つと思われる例として，

　　"To the worshipful, Alderman Aldworth Marchant, dwelling in Smal streat in Bristow: giue this with speed."
　　"To the worshipful my Master, Master John Barker marchant, &c."
　　"To my assured good friend Master Thomas Pits marchant, &c."

など（IV.：p.19）が，参考になる。

　上記の宛名の例に加えて，比較的書くのが難しいとされているレター本文の冒頭と末尾に関して，初心者が容易に真似られるような具体的な表現例が示されている（一部のみ引用する）。

① 冒頭の挨拶

"After our heartie commendations vnto your L."

"After my heartie commendations vnto you."

② 結びの挨拶

a) "ING" 形：

"Not forgetting our accustomed greetings and interchangeable well-wishings, my hasty Letter taketh end."

"Weighing how much you are already busy, and not willing to keep you further occupied, I end my long and tedious discourse, being in nothing exempted from wonted salutations, and accustom kind of greetings."

b) 完結形：

"My greetings to our friend R. let not be unremembered, and deem that in all my bows I have (unto you all) most heartily wished."

"Haste compeleth me to end sooner than I would, wherein notwithstanding I can never omit sufficiently to greet you, often recognizing as behooveth, your especial good liking towards me, &c."

③ 結尾語

a) Your 系：

"Your L. most devoted and loyally affected"

"Your Honours most assured in whatsoever services"

b) Yours 系：

"Yours faithful and ever assured"

"Yours devoted till death"

c) その他：

"The most affectionate unto your L. of all others"

"'At your worship's command"

など (III.：pp.12-16)，様々な例が見られる[4]。

このような例を参考にすることに関して，フレミングは，
　「医者が患者の病気を治すために，いろいろな種類の薬を使うのと同じように，あなた（読者）は，様々な人々にレターを正しく書くために，本書から多くの先例や例文を利用することができる」（II.：序文）
と，述べている。確かに，初心者でも，多くの例文や表現に接することにより，正しいレターの作成が比較的容易に可能になったものと思われる。

　これまで述べたような通信文（レター）の書き方を学ぶことによって，人はどのようなメリットが得られるのか。当然，実務（商取引）に役立つことはいうまでもない。状況にふさわしいレターを正しく書ける人は，レターの専門家（秘書）として重宝されていたことは容易に想像できる。

3. 秘書の役割

　経済・社会活動の規模が大きくなり，範囲も広がり，それに伴い，交通手段の発達も著しくなると，日常生活や商活動の円滑な運営・遂行のために，遠距離間の者同士の連絡が必要となった。特に商取引の場合，通信業務は一部の専門家の手に委ねられていた。例えば，
　「（秘書の役割のうちで）レターを正確に書くことが，秘書に課せられた主要業務の1つである」（III.：序文）
　「（秘書は）主人の指示通りに，種々のレターを完璧かつ迅速に処理することが求められる」（III.：p.103）
など，秘書の役割は大きかった。
　さらに，事務専門家である秘書は，上記の能力に加えて，倫理・道徳上の観点から，秘書としての忠誠心と信頼性が必要とされた。例えば，秘密事項の取扱いに関して，
　「すべての家のクローゼット（収納小部屋）は，第三者の意思ではなく，

その家の所有者の権限に基づいて秘密を保管する所である。秘書も同様に，主人の秘密を守る立場にあり，常に主人の指示に従わなければならない。クローゼットに固有の扉，錠，鍵があるように，秘書にも当然，情報を漏らさない正直さ，注意深さ，忠実さが求められる」(III.：p.103)
と，クローゼットの管理にたとえ，秘書の上司に対する高い忠誠心の必要性が指摘されている。

当時の秘書は男性が主で，その理想像は非常に高く，秘書はラテン語，歴史などの教育・教養，育ちの良さ，外見の良さなどの家庭環境，人を正しく評価する判断力などが求められた。また，望ましい資質として，誠実，謙遜，努力，用心深い，勤勉，機知に富む，学問好き，熱心，思慮深い，元気，正直，酒に溺れない，書くことが好き，などが挙げられている[5]。

このように，当時の人々は，レターを書くことにそれほど慣れておらず，特に商取引においては，専門家に任せるのが普通であった。上記で指摘された高い能力と資質を備えた有能な秘書の存在・活用により，一部の富裕者層は，レターを介して，商取引の円滑な遂行ができるようになった。同時に，関係者間の距離・空間を越えた情報の共有も可能になったのである。

4. モデルレター

受信者に内容をわかりやすく伝えようとすると，当然，論理的な書き方が求められる。比較的短いレターの場合，その基本は三部構成が望ましい。例えば，

「レター本文の構成は，大前提（"Major"），小前提（"Minor"），結論（"Conclusion"）の3つから構成されている。修辞学でいうところの「原因」，「意図」，「結果」に該当する。導入部で本題（テーマ）を明らかにし，次にそのテーマの詳細な説明を行い，最後に結論というべき要点を明らかにす

る」（I.：p.15）

と，具体的な書き方が提示されている。

また，比較的長文のレターの場合，演説や弁論のスピーチの組立てを参考にした五部構成も指摘されている。例えば，

「①序論（Exordium），②解明（Narratio or Propositio），③確証（Confirmatio），④論駁（Confutatio），⑤結論（Peroratio）の五つの構成に従い，（論理的に）書くように」（III.：p.11）

と，教えている[6]。これは，dictamen方式を踏襲したものである。

このような基本的なレター構成を参考にして書かれたモデルレターは，果たしてどのようなものであろうか。ここでは，16世紀の特徴と思われる上下関係を意識した書き方を勧めているマニュアル上の指示が，実物のレターにどのように反映されているかを見ることにする。

(1) レター例

以下，三者（上位者，同等者，下位者）宛てのレターをそれぞれ比較，検討する〔冒頭（書き出し），末尾（結びの挨拶）部分を引用する〕。

① 上位者宛て

1) レター例 (1)（III.：p.62）

Sir, my humble duty remembered unto you, and my good Mistress, you may please to understand that I have laden for your account in the good ship called the R of B. according to your remembrance sent unto me for the same, ...
（用件）
... I wrote formerly unto you certain commodities out of England by master D. L., who came along in the Fleet of L. and is, as I understand, safely arrived from Lyons

> again. Here is at this present small news worth the writing unto you, wherefore, praying Almighty God for the health and prosperity of you and all yours, I humbly take my leave. From L. this of, &c.
>
> Your faithful and ready servant at command.

　本状では，冒頭敬辞（"Sir,"），やや長い挨拶（"my humble duty remembered unto ..."）の後，通知表現 "you ... understand (that) ..." に続き，用件を伝え，"Here is ... small news ..." と説明を終えている。最後に，やや仰々しい末尾の "ING" 形 ["(wherefore,) praying Almighty God for ..."] が使用されている。

2) レター例（2）（IV.：pp.13-14）

> *Emanuel*
>
> After my duty remembered, I pray for your good health & prosperity, &c. These are certifying you, that on the 24. day of October, within 16. days after our departure from Kingrod, we arrived here at Lisbon (God be thanked) in good safely, and the Gabriel and the Minnyon also. ...
> （用件）
> ... Oils 86. Ducats the ton: Salt at 11 Rials the Muy. Little news I hear worth the writing, only it is said that the king, &c. (*Here write your news.*) Thus taking my leave, with my dutiful commendations remembered to my good Mistress, &c. I heartily desire of God to protect and prosper you and all yours. From Lisbon the 27. day of October 1589.
>
> Your faithful servant
while I live,
R. A.

　本状では，定型の挨拶と相手に対する気遣い（"I pray for ..."）の後，通知表現 "These are certifying you, (that) ..." に続き，用件が述べられている。末尾は，終りの定型（「以上」；"Little news ..."），仰々しい定型の結び "ING" 形

["(Thus) taking my leave, …"] で終えている。「無事到着」を感謝する神への言及（"God be thanked"）も見られる。

レター例（1）（2）からわかるように，上位者宛てのため，尊敬の気持ちを示すための冒頭の挨拶が用いられている。型通りの挨拶（相手への気遣い），定型の通知表現に続き，用件に入っている。末尾はやや仰々しい書き方が採用され，用件説明の終わり "small news …" "Little news …" で終え，最後に，神に言及した結びの挨拶，発信地・年月日を記し，下位者からの発信を示す結尾語（"Your … servant …"）で終えている。

② 同等者宛て
次に，同じ立場（地位）同士の例は以下の通りである。

1) レター例（3）（I.：pp.196-197）

> Laus Deo, in Boloigne. Le 25. April.
> Anno. 1567.
> Trustie and well-beloved, I heartily commend me unto you, &c. After you were departed from us, forthwith I dispatched the ship, and laded the same with forty tons of Malmsey, which the year past I kept for a better bent. We understand by advice from Antwerp that Muscatel is worth forty French crowns the ton at the least, and …
> （用件）
> … You therefore being arrived at Rouen, be careful to give me advice from time to time, of everything that you shall do, and of the estate of merchandize. Thus in haste I commit you to the Lord, who prosper your affairs, &c.

本状では，定型の挨拶 ["Trustie (Trusty) and well-beloved, …"] の後，用件を説明している。末尾は，定型の結びの挨拶 ["(Thus) in haste …"] で終えている。

第 1 章　16 世紀の英文ビジネスレターの特徴　59

2)　レター例（4）（I.：pp.197-198）

> In Dieppe the 3. of May. 1567.
> Right trusty, after hearty recommendations, &c. Yours of the 25. of the last month I have received, by the which I do gladly understand your diligence in the expedition of our ship, which (thanks be to God) is in safety arrived. The merchants of Rouen incontinently came down, ...
> （用件）
> ... Therefore I intend at this time therein to employ some cash. Be assured I will do nothing, wherein I shall not understand some gain. That which I write unto you, take care to keep secret. And thus God prosper you, &c.

　本状は，レター例（3）に対する返事である。冒頭で定型の挨拶（"Right trusty, ..."）の後，受取レター（"Yours ... I have received,"）に言及し，用件を詳細に説明している。最後に，情報の秘密厳守を指示し，定型の結びの挨拶 ["(And thus) God prosper ..."] で終えている。

　次は「お金」に関連する例である。

3)　レター例（5）（I.：p.201）

> After hearty commendations, &c. I wrote unto you, the first of the last month, that upon the sight thereof you should deliver unto Sir Sebastion Coison of Mousne, five thousand Ducats, for so much were assigned at our house: I pray you deliver him the said sum, ...
> （用件）
> ... I pray you in any wise send me the copies of all the Bills of exchange, which you have had from us within these seven Months, for here is yet some discord. This sufficeth. God keep you, &c.

　本状では，簡単な挨拶（"After ... commendations, &c."）の後，発信レター

["I wrote unto you, ... , (that) ..."] に言及し，用件を説明している。末尾は，説明の終わり（「以上」；"This suffieth (suffices)."）と定型の結び（"God keep you, &c."）で終えている。

次も同じような例である。

4) レター例（6）（I.：pp.201-202）

> I heartily commend me unto you, &c. because it is expedient to gratify our friends: you shall deliver unto the bearer hereof, named David Barthom, 8. hundred French crowns: and cause him only there to give good and sure pledge for the said sum. For so hath the same David here ...
> （用件）
> ... I pray you take sufficient assurance, to the end that our goods be not lightly lost. It sufficeth to show pleasure, you therefore fulfill the contents hereof. And thus fare you well, &c.

本状では，簡潔な挨拶（"I ... commend me unto you, ..."）に続き，用件である依頼事項を説明し，最後は定型の結び ["(And thus) fare you well, &c."] で簡潔に終えている。

上記レター例（3）（4）（5）（6）は，依然として冒頭，末尾に定型の挨拶文が挿入されているが，あまり仰々しくはない。このように，上位者に対するレターと比較して，同じような地位の者同士のレターには，やや直裁的な書き方が採用されている。冒頭は簡単な挨拶の後，通知表現なしに，即用件に入っている。末尾も比較的簡単な定型の終わり方となっている。

以下も同じような立場にある関係者間の例であるが，上記例よりもやや冗長な，定型化されたものである。

5)　レター例（7）（IV.：pp.17-18）

> *Emanuel*
> After my very hearty commendations unto you, I pray for your good health & prosperity, &c. These are giving you most hearty thanks for your great pains & gentleness heretofore showed unto me: assuring you that …
> （用件）
> … I am sorry that I am driven to make still so bold upon you: wishing that you had the like or greater occasion to try also my good will towards you. Little news I hear worth the writing &c. Thus taking my leave, I commit you to Almighty God. From Civel 25 day of January. 1589.
> 　　　　　　　　　　　　　　　　　　　　Your assured to my power.
> 　　　　　　　　　　　　　　　　　　　　　　　　　　　　R A

　本状は，冒頭で，レター例（5）と同じような定型の挨拶（"After … commendations …"）と相手への気遣い（"I pray for your good health …"）の後，これまでの相手の好意に感謝し，その返礼を約束したやや冗長な前置きがなされている。次に，具体的に用件を説明し，末尾は，定型の用件説明終了表現（「以上」；"Little news …"），別れの挨拶 "ING" 形 ["(Thus) taking my leave, …"] で終えている。

6)　レター例（8）（IV.：p.18）

> *Emanuel*
> After my very hearty commendations unto you: I pray for your good health and prosperity, &c. These are most heartily to desire so much your friendship and good will, to do me this pleasure: as to receive for me out of the Gabriel when she cometh to S. Lucar, 6. tons of Lead containing 105. pieces, being marked as in the margent: …

> （用件）
> ... I do assure you that you shall find me to the uttermost of my power, both grateful and mindful to pleasure you again in the like and much greater if I can be able. Little news I hear worth the writing. Thus taking my leave I commit you to Almighty God. From Sivil the 27. day of January. 1589.
>
> Your assured to my power,
R A

　本状も，レター例（7）と同様の依頼状である。冒頭も同じく，定型の挨拶（"After my ... commendations unto you: "）と相手への気遣い（"I pray for your good health ..."）で始まっている。そして，やや冗長な依頼の前置き（"These are ... to desire ..."）の後，用件を説明している。末尾は，用件説明終了の定型（「以上」；"Little news ..."），別れの挨拶 "ING" 形［"(Thus) taking my leave ..."］で終えている。

　上記レター例（7）（8）は，これまでのレター例（3）（4）（5）（6）とは異なり，やや丁寧な書き方となっている。冒頭の挨拶（気遣い），やや長い前置き，用件の説明，そして，説明終了表現（「以上」），末尾の結びの挨拶など定型化されており，上位者宛てレター例（1）（2）と同じ書き方である。これは，マニュアルの著者ブラウン（John Browne）が読者の書きやすさ（「モデルレターを参考に容易にレターを書けること」）を強調し，あえて受信者の地位に応じた書き方を採用せず，上位者，同等者宛てに対しても同一の様式を指示したためと思われる。

③　下位者宛て

　書き方として簡単と思われる下位者宛ての例は，次の通りである。比較的長い挨拶を活用した例である。

1) レター例（9）（Ⅲ.：p.70）

> My hearty desire of your good success and welfare intended, which I hope God will bless, I marvel that I have received no Letters from you since the fourth of March last, I hope you do nevertheless continue your good care and trust in mine affairs, whereof I nothing doubt. I wrote by master N. in the good ship called the P. of London unto you, which will shortly by God's grace arrive at B. and is bound for L. ...
> （用件）
> ... Otherwise I would have you to confer with my cousin T. R. thereabouts. And thus desiring Almighty God to bless and prosper you, whom I desire you in all your actions and dealings to remember, I bid you heartily farewell,
> L. this last of May.
> 　　　　　　　　　　Your master willing in all things to requite your services, &c.

　本状は，外国にいる従業員への連絡という設定のためか，用件に入る前に長い導入部（前置き）"My hearty desire of ..."が活用されている。これは，遠隔地で苦労している相手への思いやりと考えられる。そして，用件を伝え，末尾は長い結びの挨拶"ING"形["(And thus) desiring Almighty God to ..."]と結尾語（"Your master ..."）で終えている。「船の無事到着」を祈る神への言及（"by God's grace"）もなされている。

　以下も同様な例である。

2) レター例（10）（Ⅲ.：p.71）

> Albeit I have many occasions to write unto you by this bearer, which time will not suffer me to do: Nevertheless such as are most needful I will hereby remember you of. At my departure from N. I gave order for certain wares to be sent unto you from thence by the carrier of C. and thereof did them write unto you at large in a letter, and sent enclosed in that letter a bill of the parcels. ...

（用件）
... , and if I return not before, use circumspection I pray you to provide for their return accordingly. The haste of this bearer will not suffer me to write more, only look to my business, have care of the trust in you reposed, and commend me to your mistress, tell her I will hasten homewards, as fast as I can. And so to God I commit you. R, this of, &c.

Your loving master, &c.

本状は，出張中の主人から部下の従業員に出されたもので，冒頭の挨拶の代わりに，連絡遅れの言い訳（"Albeit I have many occasions to write ..."）から始まっている。そして，用件の説明が終わると，再度言い訳がましく，"The haste of this bearer ..." と弁解し，至急帰る旨の妻・女主人への伝言依頼と結びの挨拶，結尾語（"Your ... master, &c."）で終えている。

上記レター例（9）（10）は，下位者宛ての内容にもかかわらず，冗長な冒頭，結びの挨拶が活用され，必ずしもマニュアルの指示通りではない。これらのケースは，通常ならば同じ場所で働いているはずの両者（主人と従業員）が，ある期間離れ離れになっている状況下（出張中）での通信と思われ，両者の個人的かつ緊密な関係を表わしている。

次は，マニュアルの指示に近い簡潔な書き方を実践した例である。

3) レター例（11）（I.：pp.198-199)

After commendations, &c. Factor, it is now two years ago since I sent thee to Barselone, a City of Cateloigne and at sundrytimes I have sent unto thee the value of more than 36000. Crowns in divers sorts: and by thine account diligently kept, I find to have received of thee but only 20000. Crowns in change of Merchnddize: ...
（用件）

第 1 章　16 世紀の英文ビジネスレターの特徴　　65

> ... Therefore see that thou emply thy self to gather by that, and every other account which thou haste of mine, and like a man of credit, come thy way unto Paris. For I have determined not to trade any more unto Barselone, where we have but small gains. God prosper thee, &c.

　本状では，冒頭の挨拶（"After commendations, &c."）も結びの挨拶［"God prosper thee (you), &c."］も単にレター形式を整えるためにとってつけたように挿入してある。用件の説明もきついトーンとなっている。また，マニュアルで指摘してある下位者への表現（"thee""thou""thine"）などが用いられており，典型的な下位者宛てのレターと思われる。

　これに対する返事は以下である。

4）　レター例（12）（I.：pp.199-200）

> Right worshipful Sir, my duty being first to you remembered, &c. Your Letters of the viij. of August I have received, whereby I understand the disposition of your mind: Patience, we have here at this present a Gallie of Grennes, which will depart hence within these viiij. days, I will take passage therein to Marseilles, and from thence ...
> （用件）
> ... I will express the whole onto you by writing: bringing the particular note of the Spanish silks, that I sent you this month of July last past, which were 53. pieces. And thus God prosper you, and prosper your affairs, &c.

　本状は，レター例（11）とは対照的に，丁寧な書き方となっている。冒頭敬辞（"Right worshipful Sir,"）と挨拶（"my duty ... remembered, &c."）の後，レターの受取（"Your Letters ... I have received,"）に言及し，用件を説明，定型の結び［"(And thus) ... God prosper you, ..."］で終えている。本状は，冒頭，末尾の挨拶を活用した上位者宛てのスタイルを保っている。当然のことであるが，レター

例 (11) で多用されていた"thee""thou""thine"などの表現は見られない。

　レター例 (11) (12) は，マニュアルの教え通りの上位者宛て，下位者宛ての場合を想定した書き方である。

(2) 特　　徴

　これまでの検討からいえることは，16世紀のレターには，冒頭，末尾の挨拶が必要とされたことである。その挨拶の程度（仰々しさ，簡潔さ）によって，上位者宛て，同等者宛て，下位者宛ての書き方の差が見られる［レター例 (7) (8) は同等者宛てにもかかわらず，上位者宛てと同じ書き方を採用した定型化された様式で，ここでは参考にならない］。

　例えば，冒頭の挨拶は，

1) 上位者宛て

　　"Sir, my humble duty remembered unto you, and my good Mistress, …" (1)
　　"After my duty remembered, I pray for your good health & prosperity, &c." (2)
　　"Right worshipful Sir, my duty being first to you remembered, &c." (12)

2) 同等者宛て

　　"Trustie (Trusty) and well-beloved, I heartily commend me unto you, &c." (3)
　　"Right trusty, after hearty recommendations, &c." (4)
　　"After hearty commendations, &c." (5)
　　"I heartily commend me unto you, &c." (6)

3) 下位者宛て

　　"My hearty desire of your good success and welfare intended, which I hope God will bless," (9)
　　"After commendations, &c." (11)

など，種々活用されている。

　上記の例からわかるように，冒頭の挨拶は，冗長さ，仰々しさの点におい

て，わずかではあるが，その差が認められる。受信者の地位が下がるにつれ，若干，表現が簡潔になるように思われる［下位者宛てのレター例（9）はやや仰々しいが，これは，発信者である主人が受信者の従業員に親しみを込めて書いたせいかもしれない］。

また，冒頭敬辞として，上位者宛て［"Sir"（1），"Right worshipful Sir"（12）］，同等者宛て［"Trustie (Trusty) and well-beloved"（3），"Right trusty"（4）］などの例も見られる。

末尾に関しては，冒頭の挨拶以上に明確にその差が認められる。例えば，

1) 上位者宛て

"Here is at this present small news worth the writing unto you, ..."（1）

"Little news I hear worth the writing, only it is said that the king, &c."（2）

"And thus God prosper you, and prosper your affairs, &c."（12）

2) 同等者宛て

"Thus in haste I commit you to the Lord, who prosper your affairs, &c."（3）

"And thus God prosper you &c."（4）

"This sufficeth (suffices). God keep you, &c."（5）

"[It sufficeth (suffices) to show pleasure, you therefore fulfill the contents hereof.] And thus fare you well, &c."（6）

3) 下位者宛て

"(And thus desiring Almighty God to bless and prosper you, ... ,) I bid you heartily farewell,"（9）

"And so to God I commit you."（10）

"God prosper thee, &c."（11）

のように，上位者宛ての場合，用件説明の終了表現（「以上」）に続き，神に言及した仰々しい挨拶が用いられている。同等者宛ての場合は，それよりもやや簡潔になっている。下位者宛ての場合は，レター例（9）を除いたレター例（10）（11）の簡潔な書き方が基本となる。

冒頭，末尾の挨拶に関して，表現の仰々しさ，簡潔さなど，受信者の地位に応じた違いはあるが，なぜ，このような挨拶がレターに必要とされたのであろうか。おそらく，通信技術が十分発達していなかったためと思われる。

当時は通常，情報を伝達するためには，人と人が直接向き合って話すのが最も一般的であった。直接出向くことができない場合に，隔地者間の主な通信手段のレターが活用されたのである。レターは，直面的なコミュニケションの補完にすぎなかった。そのレターの活用により，離れ離れの者同士は「あたかも目の前にいるかのように」(I)，「一種の話し合い」(II)，「親しいスピーチ」(III)，「相互の談話」(III) が可能になったのである。

そのため，レターといえども，人が直接話す時と同様に，用件に入る前のご機嫌伺い・挨拶が必要とされた。また，主目的の用件（連絡事項）の伝達が終わった時にも，最後の別れ（感謝）の挨拶が求められたのである。

今まで述べたレターの書き方，スタイルなどの特徴は，実際の商人レターにも見られるのであろうか。

5. 商人レター

当時の商人レターは，果たしてマニュアルの教えに従っているのだろうか。言い換えると，当時の商人も，マニュアルのモデルレターで明らかになった同じ書き方を採用し，結果的に同じ傾向（冒頭に「ご機嫌伺い・挨拶」を，末尾に「別れ・感謝の挨拶」を採用する）を示すのか，以下，検討する〔冒頭（書き出し）と末尾（結びの挨拶）を対象とする〕。

(1) レター例

最初の例は，英文マニュアルが発行される以前の 1542 年のものである。

第 1 章　16 世紀の英文ビジネスレターの特徴　69

1)　レター例 (1)[7]

> Jesus.
>
> Sir, in my best manner I recommend me unto you, and to my mistress, heartily desiring God of your good welfare. Sir, I understand that you intend, by the grace of God, to be resident and dwelling in this country. Sir, I have a daughter which hath been at service three or four year in the country, and ...
> （用件）
> ... And I pray you of answer hereof, for unto such times as I hear from you, she shall not be fast with no man. I would that it would please you to have her. No more, but Our Lord send you of his grace, Amen. At Peterborough, on Fast Tuesday, anno 1542.
>
> 　　　　　　　　　　　　　　　　　　　　　By your that I can,
> 　　　　　　　　　　　　　　　　　　　　　　　　William Howham.
> To John Johnson, merchant of the Staple at Calais, be this delivered at London.

　本状は，娘の採用を依頼したやや私的な内容であるが，上位者宛ての依頼状らしく，敬称（"Sir,"）の多用，冒頭ならびに末尾の挨拶が活用されている。用件は，"I understand (that) ..."で，始まり，用件の説明終了表現（「以上」；"No more, ..."）で簡潔に終えている。dictamen の影響が窺われる。

　次は 1543 年の例である。

2)　レター例 (2)[8]

> Jesus anno 1543, the 9th in January, At Calais.
>
> Worshipful Sir, my duty remembered, desiring God for the continuance of your health, etc. It may please you to be advertised that a Scottish ship, which keepeth about Newhaven (Harvre) and those parts, hath taken seven English ships, ...
> （用件）
> ... Mr. Otwell hath bought a piece of Hazebrouck cloth containing 40 1/2 sticks,

> which shall be sent you as soon as may be: it must cost 8d Fl. a stick. Thus I beseech the Holy Trinity have you in his merciful keeping.
>
> 　　　　　　　　　　　　　　　　　　　　By your apprentice,
> 　　　　　　　　　　　　　　　　　　　　　　Thomas Holland.

　本状は，結尾語（"By your apprentice,"）からわかるように，見習中の弟子から主人への連絡である。冒頭敬辞（"Worshipful Sir,"）と挨拶（"my duty remembered, ..."），そして，通知表現 ["It ... to be advertised (that) ..."] の後，用件をやや冗長に説明し，終えている。結びは定型の終わり方 ["(Thus) I beseech ... keeping."] が採用され，レター形式は整っている。

　次は 1583 年の例である。商人はマニュアルを手に取ることができた時期である。

3)　レター例（3）[9]

> Right well beloved,
> 　My very hearty commendations unto you, and the rest of my friends remembered.
> 　My last I sent you was the 25th of February last, from Deal out of the Downs. After which time, with contrary winds, we remained upon our own coast until the 11th day of March; and ...
> （用件）
> 　... , so there is nothing remaining in his hands but a few books. And with Thomas Bostocke I left certain small trifles, which I pray you demand. And so once again, with my hearty commendations, I commit you to the tuition of the Almighty, Who always preserve us.
> 　　　　　From Aleppo, the 29th of May, 1583.
> 　　　　　　　　　　　　　　　　　　　　　　Yours assured,
> 　　　　　　　　　　　　　　　　　　　　　　　　John Newbery.

本状は，結尾語（"Yours assured,"）からわかるように，同等者間の連絡と思われる。冒頭敬辞［"Right well beloved（well-beloved），"］とやや長い挨拶（"My ... commendations unto you, ..."）の後，定型の発信レター（"My last I sent you ..."）に言及し，種々の用件がかなり詳細に説明されている。同等者間の連絡にもかかわらず，末尾は仰々しい挨拶［"(And so once again,) with my hearty commendations, ..."］で終えている。

次も同じ発信者から下位者へ宛てた例である。

4) レター例 (4)[10]

> My last I sent you was the 29th of May last past, from Aleppo, by George Gill, the Purser of the *Tiger*, which the last day of the same month came from thence and arrived at Feluge the 19th day of June; which Feluge is one day's journey from hence. ...
> （用件）
> Here follow the prices of wares as they are worth here at this instant: Cloves and maces, the bateman, 5 ducats; ...
> Silk, much better than that which cometh from Persia, 11 ducats and a half the bateman (and every bateman here maketh 7 pound and 5 ounces English weight).
> From Babylon, the 20th of July, 1583.
> 　　　　　　　　　　　　Yours,
> 　　　　　　　　　　　　　　　John Newbery.

本状では，冒頭の挨拶もなく発信レター（"My last I sent you ..."）に言及した後，用件を詳しく説明している。最後に，現在の商品状況（値段）を明らかにし，終えている。冒頭，末尾の挨拶はなく，また，結尾語 "Yours" から，下位者宛てのレター形式を保っている。

次は1584年の例である。

5) レター例（5）[11]

> Right Honourable,
>   Our duties humbly considered unto your Lordship, etc.
>   Our last was of the 10th of November, sent by the Cadie of this place; wherein we signified unto your Lordship the alteration of our minds for going into Persia, and how we were returned with our goods back again to this place. ...
> （用件）
>   ... and the remainder of his goods is left in the hands of the King's Factor.
>   Thus not having others to trouble your Lordship with at this present we rest, humbly taking our leave, and commending you and all your Lordship's affairs to God's mighty protection,
>   Your Lordship's most ready at commandment till death,
>   John Eldred.
>   William Shales.

　本状では，冒頭敬辞（"Right Honourable,"）と挨拶（"Our duties ... unto your Lordship, etc."）の後，定型の発信レター（"Our last was ..."）に言及，用件を説明した後，仰々しい結びの"ING"形［"(humbly) taking our leave, and ..."］で終えている。結尾語"Your Lordship's ... till death,"も仰々しい。上位者宛てのレターである。

　次も同じ1584年の例である。

6) レター例（6）[12]

> After my very hearty commendation unto you, with trust and desire of your health.
>   I received lately your letter, bearing date the 18 of the last June, by your brother, this bearer and have fully considered your good advertisements therein. ...

> （用件）
> ... For his entertainment is like to be no longer among us than that his behavior and diligence shall be found good and honest.
>
> Thus right heartily wishing you comfortable health and of all yours. I commit you to our heavenly father. From my house in Fenchurch Street in London, this 7 day of July 1584.
>
> Your assured loving friend,
Thomas Smythe.

本状は，同等者（"friend"）間の連絡らしく，内容はわかりやすく読みやすい。最初は，定型のやや長い挨拶（"After my ... commendation unto you, ..."）で始まり，定型の受取レター（"I received ... your letter, ..."）に言及している。以下，用件を論理的に説明している。末尾も，"ING"形 "(Thus) ... wishing you comfortable health ..."，発信場所・年月日，結尾語 "Your ... friend," と定型の結びで終えている。

次は 1588 年頃の例である。

7) レター例（7）[13]

> Ottoman [Hotman]:
>
> I am very glad to hear that you have provided me of a gardener. I doubt not but he shall be used to his contentation [contentment].
>
> Touching the wines: you may forbear to send any, for ...
>
> （用件）
>
> Forget not to solicit some of the prince of Conde's ministers for my 1000 [? pounds] I lent him.
>
> Thus for this time I end and bid you farewell at court, this 23 of January.
>
> Your loving master,
R Leicester

本状は，冒頭の挨拶はなく，いきなり用件に入り ["I ... to hear (that) ..."]，結びもややぶっきらぼうな終わり方 ["(Thus) ... I end ..."] となっている。冒頭敬辞〔敬称なし "Ottoman [Hotman]"〕と結尾語 "Your ... master," から，典型的な下位者宛てレターである。

(2) 特　徴

これまでの検討をよりわかりやすくするために，商人レターに関しても，モデルレターと同様に，冒頭（書き出し）と末尾（結びの挨拶）を取り上げる。

まず，冒頭の挨拶は（「/」は改行），

1) 上位者宛て

"Sir, in my best manner I recommend me unto you, and to my mistress, heartily desiring God of your good welfare. (Sir, I understand that ...)" (1)

"Worshipful Sir, my duty remembered, desiring God for the continuance of your health, etc. (It may please you to be advertised that ...)" (2)

"Right Honourable, / Our duties humbly considered unto your Lordship, etc. / (Our last was ...)" (5)

2) 同等者宛て

"Right well beloved (well-beloved), / My very hearty commendations unto you, and the rest of my friends remembered. / (My last I sent you was ...)" (3)

"After my very hearty commendation unto you, with trust and desire of your health. / (I received lately your letter, ...)" (6)

3) 下位者宛て

"(My last I sent you was the 29th of May last past, ...)" (4)

"(I am very glad to hear that ...)" (7)

のようになっている。

一見してわかるように，モデルレターの場合よりも丁寧な挨拶が採用されている。上位者宛ての場合，冒頭敬辞，冒頭の挨拶，通知表現あるいは受発信レ

ターに言及した後，用件が説明されている。同等者宛ての場合も同じスタイルが採用されている。下位者宛ての場合には挨拶は略されている。

次に，末尾の結びの挨拶は，

1) 上位者宛て

"No more, but Our Lord send you of his grace, Amen."（1）

"Thus I beseech the Holy Trinity have you in his merciful keeping."（2）

"Thus not having others to trouble your Lordship with at this present we rest, humbly taking our leave, and commending you and all your Lordship's affairs to God's mighty protection,"（5）

2) 同等者宛て

"And so once again, with my hearty commendations, I commit you to the tuition of the Almighty, Who always preserve us."（3）

"Thus right heartily wishing you comfortable health and of all yours. I commit you to our heavenly father."（6）

3) 下位者宛て

"(From Babylon, the 20th of July, 1583.)"（4）

"'Thus for this time I end and bid you farewell at court,"（7）

などとなっている。

　ここでは，ややばらつきが見られるが，冒頭の挨拶と同様に，上位者，同等者宛てにはやや丁寧な挨拶の採用，下位者宛ての挨拶なし（4）か，簡単な挨拶（7）の採用などの違いが見られる。

　商人レターでは，下位者宛ての場合を除いて，上位者，同等者宛ての場合は冒頭，末尾にやや冗長かつ丁寧な挨拶が採用されている。モデルレターに見られたような，上位者宛てと同等者宛ての違いは顕著ではない。言い換えると，マニュアル上で強調された「上下関係を意識した書き方」は，実際の商人レターでは，マニュアルの指摘ほど明白には認められなかった。簡潔に書かれた下位者宛てレター例（4）（7）を除くと，上位者宛てレター例（1）（2）（5），

同等者宛てレター例（3）（6）は、ほぼ同じようなトーン、スタイルであった。形式もほぼ同じで、冒頭の挨拶、通知表現あるいは受発信レターに言及した後、用件が説明されている。末尾も、結びの挨拶（終わりの指示、別れの挨拶）、発信場所・年月日、結尾語・署名で終えている。

　このように、商人レターの上位者宛て、同等者宛ての場合に、モデルレターに見られたような明確な差は認められなかった。それはなぜなのか。実際の商取引・ビジネスに従事している人々がレターを書く際に、相手の地位・階級をそれほど意識していなかったのであろうか。そうではない。彼らは、相手の社会的地位を無視していたということではなく、自分の部下（弟子）への連絡を除いた外部のすべての受信者に対しては、地位に関係なく、等しく相手を敬う気持ちが強く働いたようである。そのため、用件とは直接関係のない、やや冗長かつ丁寧な挨拶が冒頭と末尾に採用されたのであろう。

6. まとめ—16 世紀の特徴—

　現在でも、日本文のビジネス文書（レター）では、
　　「(拝啓) 貴社ますますご清栄のこととお喜び申し上げます。」
　　「(拝啓) 毎度格別のご愛顧を賜り、厚く御礼申し上げます。」
など、冒頭の挨拶で始まり、用件の伝達が終了した末尾では、
　　「今後ともなにとぞ倍旧のご愛顧を賜りますよう、お願い申し上げます。(敬具)」
　　「どうぞ、よろしくお取り計らい下さるようお願い申し上げます。(敬具)」
など、結びの挨拶で終わるのが一般的な書き方である[14]。
　このような日本式の書式は、現代の英文ビジネスレターでは最も望ましくない書き方と指摘され、英文レターでは、冒頭や末尾の挨拶は不要で、簡潔に用件のみを伝えればよいと教えられている。

ビジネス上の用件伝達という同じ役割を担っているビジネスレターでありながら，単に日本語，英語という言語の違いから，このような書き方の違いが生じるのはなぜなのか，英文レターでは昔から挨拶は不要とされていたのか，その理由は何なのか，など常々疑問に思っていた。

今回，そのような疑問の一部が解明されたように思う。16世紀の英文レターには，日本文レターと同様に，冒頭ならびに末尾の挨拶が多用されていたのである。

なぜ，16世紀の英文レターに挨拶が必要とされたのか。それは，当時の人々がレターの存在をどのように考えていたかという点から明らかになる。

16世紀の人々にとって，レターは，「お互いに離れている者同士が自分の思いを明らかにする文書」(I) であり，「一種の話し合い」(II)，「親しみのあるスピーチ」(III)，「相互の談話」(III) をもたらすものでもあった。人々は，レターを介して，「あたかも目の前にいるかのように」(I)，「心と心の触れ合い」(I) や「友情を深める」(I) ことができたのである。

このように，当時はいわゆる直面的コミュニケーションが主で，あくまでもレターは，それを補完する役割を担っていた。レターといえども，発信者も受信者も，あたかも対面しているかのように書く必要があった。したがって，通常の話し合いの場合と同様に，レターにも最初のご機嫌伺い（冒頭の挨拶）が，そして，用件の説明が終わった後，別れ（末尾）の挨拶が要求されたのである。

さらに，もう1つの要因として，当時の社会状況が挙げられる。当時は階級社会であったために，レターを書く場合でも，発信者は常に，相手（受信者）の身分を考慮しなくてはならず，マニュアル上の教えでも，「（相手の）上下関係を意識した書き方」(I) (II) が強調されている。モデルレターでは確かに，上位者宛て，同等者宛て，下位者宛てなど，相手の身分に応じた書き方の例が提示されており，挨拶文の仰々しさ，簡潔さの程度の差が見受けられた。実際の商人レターでも，挨拶文を挿入することによって，相手への尊敬，親しみを

もたらす効果が見受けられた。

　ただ，非常に細かい点であるが，モデルレターでは，上位者，同等者，下位者と階級が下がるにつれ，その表現が徐々に簡略化される傾向が見られた。しかし，商人レターでは，挨拶文は不要，もしくは簡潔な挨拶が採用された下位者宛ての場合を除くと，上位者へはもちろん，同等者間でもやや冗長な挨拶文が採用されていた。このような違いはあったが，当時のレターには挨拶文の挿入・採用が一般的であった。

　また，形式上の問題であるが，受信者の身分を意識しなければならないという視点から，相手を敬う思い・気持ちをより明確に表す方法として，結尾語の表現だけでなく，その位置の重要性（「右側」「中央」「左側」）も指摘されている (I)。この使い分けの具体的なレター例は見つけられなかった。当時の人々がこの教えを知っていたかどうかわからないが，これまでの種々のレター形式から判断すると，結尾語・署名は，末尾の右側に位置するのが普通であった。つまり，発信者が結尾語・署名を右側に配置することは，上位者宛てを意味し，「相手を尊敬している」「相手に失礼にならない」ことになり，以後，自然と右側に書く用法が定着し，現代でも活用例が見られるように，右側配置が一般化していったのかもしれない。

　今から500年も前の時代に，レターを書く際に，「一般的かつ親しみのある言葉」(I) で，「①簡潔，②明瞭，③平易，④敬意を心がけること」(V) がすでに強調されていたことは驚きである。「メッセージをいかに効果的に伝えるか」というレター本来の役割からすると，昔も今も同じなのかもしれない。

（注）
1) Malcolm Richardson, "The First Century of English Business Writing, 1417-1525" *Studies in the Histroy of Business Writing*, (ed.) George H. Douglas and Herbert W. Hildebrandt, Urbana, Illinois: The Association for Business Communication, 1985, p.31.
2) アルバート・C・ボー（永嶋大典ほか訳）『英語史』研究社出版, 1981年, 187

ページ。
3) 本章で参考にしたマニュアルは以下の通りである。なお，本章における下記マニュアルからの引用の場合は，マニュアル番号（I. II. ……）を活用・表記する。
    I.   William Fulwood, *The Enimie of ldlenesse*, 1621.
    II. Abraham Fleming, *A Panoplie of Epistles*, 1576.
    III. Angel Day, *The English Secretary*, 1599.
    IV. John Browne, *The Marchants Avizo*, 1589.
    V.   Hoyt H. Hudson (ed.), *Directions for Speech and Style by John Hoskins*, 1935.
4) 上記結尾語の例に "(your) ... servant" の表現が見られない。仰々しい書き方が普通であった当時の傾向からすると，相手を奉り，自分を卑下する結尾語としては "servant" が最適と思われる。当時はまだ，この表現があまり一般的ではなかったのだろうか。それともあまりにも一般的すぎて，あえて例示するまでもない，と著者（デイ）は判断したのかもしれない。
5) Herbert W. Hildebrandt, "A 16th Century Work on Communication: Precursor of Modem Business Communication," *Studies in the History of Business Writing*, (ed.) George H. Douglas and Herbert W. Hildbrandt, Urbana, Illinois: The Association for Business Communication, 1985, p.65.
6) *Ibid.*, pp.59-60. Hidebrandt は，ローマ時代の修辞学者 Quintilian の説明を次のように引用している。
    "Quintilian, as a representative of the ancients, speaks about the exordium as an introduction to the subject on which the orator will speak; statement of facts or narration suggests the nature of the subject on which the speaker will have to give judgment; verification or confirmatio implies proving the thesis as stated in the narratio; and peroration which some call the completion and others the conclusion."
7) Barbara Winchester, *Tudor Family Portrait*, Jonathan Cape, London, 1955, p.120.
8) *Ibid.*, pp.241-242.
9) J. Courtenary Locke (ed.), *The First Englishmen in India*, George Routledge & Sons, Ltd., London, 1930, pp.39-42.
10) *Ibid.*, pp.52-53.
11) *Ibid.*, pp.64-66.
12) M. B. Donald, *Elizabethan Copper: The History of the Company of Mines Royal 1568-1605*, London, Perga-mon Press Limited, 1955, pp.327-328.
13) Lena Cowen Orlin (ed.), *Elizabethan Households: An Anthology*, The Folger Shakespeare Library, Washington, DC, 1995, pp.47-49.
14) 田中四郎『公用文・ビジネス文例集』永岡書店, 1989 年, 191-284 ページ。

第2章　17世紀の英文ビジネスレターの特徴

　16世紀後半から，特に，英文レターは，遠距離通信の主要手段として重宝され，17世紀になってもその勢いは衰えることはなく，商取引に不可欠な存在となった。当時英国では，国内のみならず海外へと進出していった商人たちは，自国と進出国間の緊密なコミュニケーションが求められており，レターの書き方を学ぶ必要性は，これまで以上に高まった。事実，前世紀に非常に人気の高かったマニュアルの三大ベストセラー（*The Enimie of Idlenesse, The English Secretary, The Marchants Avizo*）は，17世紀の半ば頃まで版を重ねた。

　同様に，それらに対抗すべき新しいマニュアルが17世紀にも続々発行された。初期には，それまでの「教え」だけでなく，面白さを強調した楽しい読み物（「レター文例集」）が数多く出版されている。

　また，中期以降になると，これまでのマニュアルの傾向（「教え」+「楽しみ」）に加えて，比較的新しい考え方を主張した内容のもの，つまり，「書く」ことだけではなく「話す」ことも含めた，いわゆるコミュニケーション上達のための「実用書」を目指したマニュアルが発行された。

　本章では，17世紀の下記マニュアル上での教えと，モデルレターや商人レターの特徴ならびに当時の状況を明らかにしたい[1]。

　　I.　Nicholas Breton, *A Poste with a Packet of Madde Letters*（1602-1685）
　　II.　M. R., *A President for Young Pen-men, or The Letter Writer*（1615-1638）
　　III.　Gervase Markham, *Conceited Letters Newly Layde Open, etc.*（1618-1632）
　　IV.　I. W. Gent., *A Speedie Poste*（1625-1645）
　　V.　John Massinger, *The Secretary in Fashion*（1640-1673）
　　VI.　Philomusus, *The Academy of Complements*（1640-1670）

VII. Edward Philips, *The Mysteries of Love & Eloquence*（1658-1685）
VIII. W. P., *A Flying Post*（1678）
IX. John Hill, *The Young Secretary's Guide, Or A Speedy Help to Learning*（1687-1764）
X. John Hawkins, *The English School-master Compleated*（1692-1694）
XI. T. Goodman, Esq., *The Experienced Secretary, Or Citizen's and Countryman's Companion*（1699-1707）

1．通信文（レター）について

　前世紀に引き続き，17世紀になってもレターの役割は依然重要であった。例えば，
　　「王は，どのようにして自分の偉大な行動を知らしめたり，自分の領土を拡大したり，国民の傷を癒すことができるのか。貴族は，どのようにして自国に奉仕するための情報を入手できるのか。商人は，どのようにして多くの国で得た富を自国に持ち帰ることができるのか。遠隔地の人々は，どのようにしてお互いに話しをすることができるのか。これらは，レターの助けによって初めて可能になるのではなかろうか」（III.：序文）
と，レターの効用が強調されている。また，17世紀後半になっても，
　　「あらゆる時代において，書く技術は，人類にとって共通の恩恵以上のもので，……この（書く）技術は，我々の住んでいる世界の重要なことを交渉したり，処理する時に，その便利さがわかる。特に文明国では，人間社会の利益や楽しみ，幸福をもたらす売買，貿易，通商が行われる場合や，遠距離の人との話し合いが必要な場合に役立つ」（IX.：pp.1-2）
と，状況に応じて書ける技術の習得の大切さが強調されている。おそらく，当時も前世紀と同様，書くことは専門の秘書に任されていたと思われる。また，秘書に限らず，種々の専門家が求められていたようである。しかし，その実態

ははなはだ心もとなく,

「近頃,一介の行商人でも商人と呼ばれたり,屁理屈を言う人が弁護士と思われたり,単なる流行作家が詩人と見なされる。……レターをほとんど書けない人でも秘書と見なされる」(II.：序文)

と,皮肉られるほど多くの専門家が現れたが,社会のニーズを満たすべく真の専門家は依然少なかったようである。

このように,依然として書くことの難しさが強調されていた時代おいて,レターの書き方に関する「教え」は,どのように指示されているのであろうか。

2. 通信文（レター）の書き方について

(1) 望ましい書き方

通信文（レター）の書き方に関して,特に目新しくはないが,前世紀より具体的でわかりやすい。例えば,

「私は,あなた方読者に親しみのある書き方を勧める。難しい言葉も美辞麗句もいらない。また,あなたがなるべく大衆の言葉で書きたいと思うならば,ラテン語の金言を引用してはならない。……レターは主に,親しい友人に宛てられ,家庭内の問題などが取り上げられるので,硬い表現や学究的な書き方は望ましくない。ラテン語の使用は控え目にすべきである。(例えば,) ラテン語のモットーやことわざなどは,読み手の内容理解の助けとなる場合に限り採用すべきである。……自国語ではなく外国語を多用することは,相手に気取り過ぎていると思われる恐れがある。あなたのレターでの説明は明確にしなさい。そして,相手を不快にさせないように心がけなさい。レターで用いられる語句は,言葉の意味の正確さを期すために,あまり古い表現は引用すべきではない。新しい表現も過度に使用してはならない」(IV.:"Advice for writing Letters")

など,「親しみ」を強調している。そのため,古い表現（ラテン語のことわざなど），新しい表現（外国語の語句・言い回しなど）もなるべく使わない方が望ましいとされている。つまり,レターには,

  ① 通常の話し方と同じ自然さが望ましい。

  ② 修辞学上の比喩などは不適である。

  ③ （ただし）読者に読みたいと思わせるような洗練された表現は必要である。

など (V.: "Instructions for Writing of Letters, The First Part")，難しい表現や語句を避け，礼儀を失しない，親しい書き方が必要となる。したがって，発信者は，レターを書く時に，

> 「最適な話題は何か，時間や状況をよく考えなければならない。また，相手によって書き方を変えることも必要である」(V.: "The Second Part")

ということを念頭に置き，実際には，

> 「レターでは，簡潔に書くことが非常に望ましい。短くも長くもない，中庸が良い」(V)

> 「(相手に) 容易に理解されるように，平易な言葉で書く必要がある」(V)

など，簡潔かつ平易に書けばよいのである。また，マニュアルの著者ヒル (John Hill) は，

> 「(これらの) レターは，最新のスタイルで，正確なスペルを用いた，最も洗練された書き方のものでなければならない。さらに，受信者との上下関係（「上位者」「同等者」「下位者」）に応じた上品な言い回し，身分上の隔たり，親しみ，謙虚さなどの点に十分配慮しなければならない」(IX.: p.2)

と，16世紀のマニュアルで指摘された「教え」と同じ，受信者との関係を重視した書き方を主張している。さらに，

> 「内容こそレターの本質であり，レターは主に，ビジネスに関するものと日常生活・社交に関するものに分けられる」(IX.: pp.2-3)

と，初めてビジネスレターの存在に言及している。また，

> 「(レター) 形式は，受信者の能力と取り上げる内容に基づき，ふさわしい

表現や文章，句，語の選択，配置などによって決まる。例えば，学のある人に対する場合は，当然，レタースタイルを高尚なものにすべきであるが，気取った言い回しや凝り過ぎた表現は避けるべきである。無学な人に対しては，誤解されないように，簡潔かつ理解しやすいスタイルが望ましい」(Ⅸ.：p.3)

など，受信者の能力に応じて，それにふさわしいレター形式，スタイルを採用するように教えている。

当時の人々は，上記の教えに従った具体的な表現を参考にすることができた。例えば（一部のみ引用），

① 冒頭の挨拶 (Ⅵ.：pp.176-177)

"Desiring to refresh the memory of your good will."

"I thank you for the courtesy I received at your hands."

"Sir, Let me advise you, not to let slip this opportunity."

② 結びの挨拶 (Ⅵ.：pp.177-179)

a) IF 系：

"If you have need of me, I pray you spare me not, since I am always yours."

"If you think good, I pray you send for it, for it is at your command."

"If you deal well with me now, you will give me occasion to pleasure you another time."

b) WHEREFORE 系：

"Wherefore I pray you advise me, or give me counsel, since in all things you may dispose of me."

"Wherefore be pleased to excuse me."

"Wherefore I do again desire you."

c) ING 系：

"Desiring God to give you the continuance, and increase of all kind of prosperity, with my prayers to God, to give you, with your perfect health, the accomplishment of your wishes."

"Praying to God for your contentment. Even so I take my leave."

d）その他：

"I will employ all my power in it."

"When you shall have need of my goods, or of anything my shop affords, it is at your command, or service."

"And so I rest, or remain forever, evermore, always, Yours, &c."

③　結尾語（Ⅵ.：pp.252-255）

a）Servant（Master）系：

"Your loving Master"　"Your obedient Servant"　"Your servant"
"Your vowed servant"

b）Friend 系：

"Your well wishing friend"　"Thy true friend"　"Thy most constant friend"

c）Yours 系：

"Ever thine"　"Faithfully yours"　"Yours, more than mine own"

d）その他：

"The unfortunate"　"In all humble duty"　"In all obedience"
"Never less his own"

などである。

また，発信者と受信者の関係を明示する宛名と結尾語の組合わせ例として，

「親子間」：	― To his loving Father:	"Your obedient son,"
	― To his ill advised son:	"Your displeased Father,"
「夫婦間」：	― To her dearest Husband:	"Your ever loving Wife,"
	― To her unkind Husband:	"Your true Wife till death,"
	― To his dearly beloved Wife:	"Your most loving Husband,"
「医者・患者」：	― To the worthy Doctor:	"Your sick Patient,"
「友人間」：	― To his willful, and seduced friend:	"Your poor abused friend,"
	― To his beloved friend:	"Yours assured,"
	― To his honourable friend:	"Yours in true friendship,"

など (Ⅵ.：pp.248-251), 面白い例が示されている。結尾語は本来, 発信者の立場・身分を明らかにすべきで, 私的レターの場合には, 常に"servant"である必要はない。

さらに, ビジネスレターに比較的近い私的レターの場合の宛名, 結尾語, 結びの挨拶例などは, 商人が実際にレターを書く場合に役立ったように思われる。例えば（一部引用）,

① 宛名（冒頭敬辞）

"Honour'd Sir" "Dear Sir" "Dear Friend" "Learned Sir" "Madam"
"Dear Lady" "To my much respected (Honoured, Valued, esteemed) Friend"

② 結尾語

"Your most affectionate Friend and Servant" "Your assured Friend"
"Your most obedient Servant" "Your most obliged Friend and Servant"
"Your eternally engaged Servant" "Your faithful Servant" "Yours forever"
"Yours to command eternally"

③ 結びの挨拶

a) IF系：

"If I am able to do you service, there wants nothing but that you should command me the employment; there being nothing which I more desire than to witness myself continually, &c."

"Sir, if you doubt the truth of my service, I beseech you to make use of that absolute power which you have acquired over me, to oblige my endeavours to all manner of proofs, that I am, &c."

"Sir, if you will permit me to employ my soul thus, you may still enjoy him, who is, &c."

b) ING系：

"Desiring to make you see rather by effects than words, how much I am without complement, &c."

"Desiring nothing more than to live and die, &c."

c）その他：

"I shall endeavour with the best of my care and industry, whenever you desire the proof, of the obedience of, &c."

"Though I have a very great press and urgency of business at present upon me, yet shall my occasions never be so violent, but that I will have leisure both to be and to tell you, that I am and, &c."

"For though you may have a more powerfull, yet you never can have a more constant and faithful servant, &c."

など（Ⅶ.：pp.111-115），商取引の場合にも活用できる。

　このような多くの表現例を参考にすることのメリットは何なのか。当たり前のことであるが，人間の能力には個人差があり，その人の長所を生かすと共に，短所を補わなければならない。つまり，

　「ある人は上手に話せるが，うまく書けない。ある人は優れた感覚でペンを使用するが，それにふさわしい表現を持っていない。ある人は優れた独創性を持っているが，それをうまく表す方法を知らない。そのため，我々は，即興的な閃きで十分だと自覚していても，人工的な表現・形式が役立つことを認めざるを得ない。なぜなら，それらの表現を学ぶことによって，たとえそれをそのまま適用できなくても，意思伝達のための能力を高めたり，その習得を容易にする手助けとなるからである」（Ⅶ.：序文）

同様に，

　「流暢に話すことは，人との話し合いに際し絶対に必要であるので，賢明な人は皆，ある問題の処理やその理由を伝える場合に，最も巧みな振る舞いと共に，多くの修辞技能と専門的知識を持つことは便利であると認めざるを得ない。なぜなら，人はそのような技能・知識なしに，自分の目標を達成することができないからである」（Ⅶ.：序文）

　「有能な人々にとって，雄弁であることは極めて重要な資質である。それは，①非常に機転が利き，機知に富む人は，あらゆる状況をうまく処理す

ることができる。②雄弁さによって，我々の議論を魅力的にしたり，行為を新鮮にしたり，友をより良い方向に導くことができる」(Ⅵ.：序文)
など，話術の重要性が強調されている。言い換えると，我々は，自分の意思を伝える場合，たとえマニュアルに示された人工的な表現・形式でも，模倣したり，活用したりすることによって，より効果的に自分の目的が達成されるのである。

(2) 上下関係（階級）を意識した書き方

17世紀も前世紀と同様に，相手を敬うことが求められている。

① 間隔（スペース）の活用

レター用紙1，2枚という少ない書類上で，いかに相手を奉り，敬うかということに，当時の人々は腐心していたようである。ここでは，非常に簡単で，誰にでも可能な方法である間隔（スペース）の活用が指摘されている。発信者は，レター用紙の間隔を活用することにより，簡単に相手への尊敬の気持ちを示すことができる。言い換えると，受信者がレターを開封し，一見しただけでわかる方法である。

例えば，宛名の肩書きについて，特に注意すべきことは，

「……相手の肩書きである。当人に最もふさわしいもの，あるいは当人が希望するものでなければならない。さもないと，そのレターが快く受け入れられず，不快感を引き起こすことになる」(Ⅴ.："The Second Part")

と，注意したうえで，身分の高い"Lord"宛ての場合，

「一行目と二行目の間隔が広ければ広いほど，尊敬の度合いが大きいことを意味する」(Ⅴ)

と，教えている。ただし，封筒の宛名書きの場合は，レターの託送人に両者（受信者と発信者）の上下関係がわからないように，この「間隔をあける」原則は適用されないと注意している (Ⅴ)。

レターの本文でも，最初の部分の間隔が重要な意味を持つ。書き出しの冒頭敬辞と用件を明らかにする本文との間隔をどのくらいにするか，受信者の地位に応じて変えなければならない。上位者宛ての場合には，

「書き出しの一行目（salutation）と二行目の間隔を十分あけることが必要である」(V)

と，指摘している。例えば，

"Sir,

　　　　　　　　　　　　　　　　　　I have received your letter, &c."

のように (V)，広く間隔をあけることが必要となる。

また，相手への呼びかけに際して，へりくだった気持ちをさらに強調するために，

「本文では，慣習に従った名宛人の敬称（"Highness" "Excellency"）を用いる。また，相手（主人）を "Lord" "Master" など反復することにより，尊敬の気持ちを表わす」(V)

ことも必要となる。

逆に，尊敬の度合いが少ない場合には，あえて間隔をあけなくてもよい。例えば，

"Sir, I have understood, &c."

で，十分である (V)。あまり身分の高くない商人の場合にも同様に，間隔をあける必要はなく，例えば，

"Mr. Ormond, I would desire you, &c."

"Mrs. Chapin, as soon as you shall receive this letter, &c."

のように (V)，"Sir" の代わりに，「敬称＋名前」の書き出しで，即用件に言及する。

さらに，末尾でも，

「高貴な人にレターを出す場合には，本文と末尾の間隔を広くあけることが必要」(V)

であり，結尾語の表現も，

① 高貴な人に対する場合： "Your most obedient and most obliged servant"
② やや地位の高い人に対する場合：
"Your most humble, and most affectionate servant"
"Your humble and affectionate servant"
③ やや身分の低い人に対する場合： "Your affectionate"
④ 女性からレターを出す場合： "Your servant, &c."

など (V), 相手に応じた使い分けが求められている。

この教えによると，上位者に対する場合には常に，"servant"でなければならない。また，女性の地位が低く見られていた当時の傾向から，女性も常に，"servant"でなければならなかった。

ヒルも，上記マニュアル *The Secretary in Fashion* の説明を模倣・参考にして，

1) 末尾・署名の意義：末尾・署名は，レター発信者の挨拶にすぎない。しかし，ある程度，名宛人の社会的地位に対応した表現が求められる。また，友情や親しみを示す必要もある。

2) 間隔（スペース）の意味：社会的地位の高い人に書く時には，相手に尊敬の意を表すために，書中宛名の場合と同様，本文と署名の間の間隔を広く取ることが必要である。

3) 日付の書き方：ビジネスレターの場合，左側に，年月日と発信場所を明記すべきである。

4) 本文の書き方：簡潔，明瞭，美しさを心がけなければならない。当然のことながら，正しいスペル，正式な封印，正しい句読点なども必要である。

と (IX.: pp.100-101)，簡潔にまとめ，マニュアル *The Young Secretary's Guide, Or A Speedy Help to Learning* で指示している。

このような外見上の形式以外に，以下のような，具体的な状況下での受信者への思いやりも必要となる。

② 相手本位の書き方

相手の立場を尊重した，比較的難しいとされる下記のような状況に応じた書き方に関して，具体的に説明している（V.:"The First Part"）。

- a) 忠告レター（Letters of Counsel）：相手が助言を求めた時には，相手はあなたを尊敬しているので，拒否してはならない。逆に，相手の要求なしに，こちらから助言を与える場合には，押し付けにならない（あくまでも「友情」からであることを強調する）ようにすべきである。

- b) 抗議レター（Letters of Remonstrance）：人に抗議する時には，その人を不愉快にしないように，十分な配慮と工夫が必要である。そのためには，まず，相手の優れた点（資質）に触れ，それを誉め称える。そのうえで，世の中には誤りを犯さない完全な人はいないけれども，相手の優れた点（長所）がその人の誤った行為によって，台無しになってはならない，と忠告する。

- c) 依頼レター（Letters of Entreaty）：あまり親しくない人に依頼する時には，遠回しに，しかも自分の失礼をわびたうえで，用件を申し込む。また，今までに恩恵を与えた人に依頼する時には，その恩返しを求めるようなことはしてはならない。

- d) 援助申込レター（Letters of Proffer of Assistance）：友人が困っている時には，早急に手を差し伸べるべきであり，まして相手からの援助の依頼を拒否して，相手の面目をつぶすようなことはしてはならない。

- e) 不平レター（Letters of Complaint）：あまり強い不満でない時には，相手を誉める言葉も一緒に加えることが必要である。強い不平を述べる時にも，あまり誇張したり，相手を傷つけるような表現は避けるべきである。

- f) 返信レター（Letters of Answer）：職務に関する場合には，必ず返事を書くべきである。それも迅速に，である。早急に返事を出せない時

には，相手を長い間不安にさせないように，準備でき次第，すぐに返答する，と知らせることが必要である。また，返事の内容が相手にとって好ましくない，あるいは不快な場合には，相手が冷静にその忠告を受け入れられるように，また，友情にひびが入らないように，しばらく猶予期間を置くことも必要である。

上記の説明からわかるように，まさに「相手本位の書き方」を教えている。マニュアルを手に取った人には，非常に役に立つ指示であったと思われる。

3. モデルレター

前世紀と同様，レターの基本的な構成は，「①序論（Exordium），②論述（Discourse），③結論（Conclusion）」の三部構成が望ましい，と指摘されており，発信者は，
① 序論：通常は相手のご機嫌を伺うための簡単な挨拶の後，自分の言いたいこと（用件）を知らせる方法が取られている。この方法は，重要な問題を扱った比較的長文のレターには適しているが，それ以外の場合は，いきなり用件に入った方が望ましい。
② 論述：特に書く順序はない。あまり文脈を気にせず，思いのままペンに任せて書く。ただし，返事の場合は，話題転換のための接続語句を使いながら，順番に従って書いた方がよい。
③ 結論：相手に愛情を示したり，相手の繁栄や健康を祈願する結びの挨拶で終える。

など（V.："The Second Part"）を，参考にして書けばよいのである。

ここでは，前世紀の傾向と同様に，冒頭ならびに末尾の挨拶の必要性が説かれている。ただ，短い内容のレターの場合には，冒頭の挨拶なしに，即用件の説明に入ってもよいと指摘されている。現代の書き方に通じる，当時としては

新しい教えである。

　それでは，17世紀のレターはどのように書かれているのであろうか。依然として，16世紀の影響を受けた，やや仰々しい書き方を踏襲しているのだろうか。以下，検討してみる。

（1）　レター例

次の例は17世紀前半のもので，商人が仲買人に出したものである。

1)　レター例（1）（I.：pp.21-22)

> As I have reposed trust in your care, I look for your performance of my credit: your ability in managing such matters I have committed to your charge, I make no doubt of: and therefore hoping in your direction to hear of my expected contentment, I will look by your next letters to hear of the sum of my desire, in the meantime let me tell you, that I sent you four score broad-Cloths, ...
> （用件）
> ... : he told me the cause, and therefore I commend your discretion: for sometimes it is better to give them to save. In sum, let this suffice you without further circumstance, you have my love and my purse, I pray have a care of them both.　So till I hear from you, I rest
> 　　　　　　　　　　　　　　　　　　　　　　　　　　　Your loving Master, T. P.

　冒頭から挨拶なしに用件を長々と説明している。最後に，"In sum,"とまとめ・説明の終了（"let this suffice you ..."）に続き，相手への信頼を強調し，簡単な結び（「返事を待つ」；"... I hear from ..."）で締めくくっている。結尾語"Your ... Master,"から，下位者宛てのレターである。

　上記に対する返事は以下の通りである。

2) レター例（2）（I.：p.22）

> SIR, I beseech you mistrust not your trust, nor have any fear of my care: for having both your love and your purse, how can the one let me forget the other. No, sir, be you assured, however Bankers play bankrupt, pawns will deceive no credit: ...
> （用件）
> ... By the next Post you shall hear what I need: in the mean time having no intelligence of worth, loath to trouble you with trifles, glad to preform that duty, that your kindness hath bound me to, wishing to live no longer the discharge the office of an honest care, praying for your long health and ever-lasting happiness, I humbly take my leave,
>
> Your faithful servant, M. W.

　本状では，相手の問合わせに対して順に答えている。冒頭敬辞（"SIR,"）の後，挨拶なしに，書き出しで主人の信頼を願いながら（"I beseech you ..."），具体的な用件を説明している。最後に，定型の結び"ING"形（"praying for your long health ..."），結尾語（"Your ... servant,"）で終えている。上位者宛てのレターである。

　上記レター例（1）（2）の結尾語（"Master" "servant"）からわかるように，両者（発信者，受信者）は主従関係にある。両レターとも，冒頭はやや冗長な言い回しになっている。返信レター例（2）は末尾の挨拶も仰々しい。上位の受信者を尊重した書き方である。
　次の例は，友人の借金申込みのケースである。

3) レター例（3）（Ⅳ）

> Sir, your often kind promises make me presume to crave one performance, not that I doubt your kindness, but, that I would oblige myself to your love: for, though the

matter be not great, nor my occasion much, yet at this instant a little may pleasure me more than a little: Forty Crowns is the sum I desire, six months the time for my payment, my Bond for your assurance, ...
（用件）
... : but since a sudden business bids me behold with a friend, I had rather challenge a promise of kindness, than adventure a hope of a courtesy. I pray you therefore, answer me by this Bearer, to such effect, as may make me find you, and ever esteem you, as you shall ever have me

Your faithful friend, T. W.

　本状では，冒頭敬辞（"Sir,"）の後，挨拶なしに用件を説明し，最後に，持参入への返事を依頼（"I pray you ... answer me by this Bearer,"）し，結尾語（"Your ... friend,"）で終えている。友人への依頼とはいえ，内容の性質上，冗長な書き方になっているのはやむを得ない。

　その返事は以下の通りである。

4）　レター例（4）（Ⅳ）

Sir, I have received your Letter, and read the Contents, and would be glad to content you in a greater measure of kindness: but to do myself much hurt, and you little good, I hope such is your wisdom, as will rather excuse me, than distaste me. Money I have, but such present use for it, that, if I lend, I must borrow, and ...
（用件）
... but to be resolute upon protestations of friendship without fortune. In brief, pardon my unwilling denial for this time, and hereafter, wherein I may, be assured of my best power, in which, with unfeigned good will, you shall always find me,

Your very loving friend,
D. T.

　本状では，冒頭敬辞（"Sir,"）の後，定型の書き出し（「レターの受取」；"I have

received your Letter, ...") で始まり，断りの理由を説明し，最後に，申し訳ない
と謝罪 ["(In brief,) pardon my unwilling denial for ..."] し，丁寧に結んでいる。
相手の立場を慮ったやや冗長な書き方となっている。結尾語 "Your ... friend,"
から，同等者間のレターである。

　次の例は 17 世紀半ば過ぎのもので，外国の代理商への商品送付の案内であ
る。

5)　レター例 (5)　(VIII.：p.9)

Mr. Johnson,
I have sent you over some goods for you to dispose of in the Ship called the Woodstrange, Captain Stout Commander; you will find the particulars and the prices of them, in the Bill herein enclosed, I hope you will give me no occasion to doubt your care in putting of them off the best advantage; however I think it behooves me to advise you, to have a quick eye to find out how the Markets go with you, and if there is not many of those sorts of Commodities arrived at ...
（用件）
... : for in your good management of my affairs in those parts depends my whole livelihood, I would have you traffic them away for Tobacco only, and return my venture back by the same Vessel, this with my prayers for good success is all at present,
London, November 25.　　　　　　　　　　　　　　　　　　Your loving Friend,
　　1676.　　　　　　　　　　　　　　　　　　　　　　　　　　　　　W. P.

　本状では，親しみを込めた冒頭の呼びかけ（"Mr. Johnson,"）で始まってい
る。特に冒頭の挨拶はなく，即用件の説明に入り，最後に，簡潔に（「以上」；
"this ... is all at present,"）で終えている。結尾語（"Your ... Friend,"）から，同じ
商人同士のレターであるが，上位者からの書き方に近い。

　その返事は以下の通りである。

第 2 章　17 世紀の英文ビジネスレターの特徴　　97

6)　　レター例（6）（VIII.：pp.9-10）

> Honoured Sir,
> I have received those Goods which were mentioned in the Note which you inclosed in your last Letter, dated the twenty fifth day of November, one thousand six hundred seventy and five, they come safe to my hands without the least damage, and I have disposed of them according to my best judgement. ...
> （用件）
> ... , and with great advantage: according to your desire, I have returned you back by the same Ship five hundred Hogsheads of Tobacco, which I hope will come safe to London, and if they do I know there will no small profit arise to you by them, thus Sir trusting them to the protection of the Almighty, and the Mercy of the Seas, I rest
> York River March 6.　　　　　　Yours always ready to serve you faithfully,
> 　　1676　　　　　　　　　　　　　　　　　　　　　　　　　　E. Johnson.

　本状では，丁寧な呼びかけ・冒頭敬辞（"Honoured Sir,"）で応えている。本文の書き出しで，貨物の受領（"I have received those Goods ..."）に言及した後，用件を述べ，最後に，定型の結び"ING"形［"(thus Sir) trusting them ... , I rest"］で終えている。冗長な結尾語"Yours ... faithfully,"から，上位者宛ての書き方を採用してある。

　以下も同時期の例である。

7)　　レター例（7）（VIII.：pp.65-66）

> Sir,
> After my service unto you and my Mistress presented, These few lines may certify you, that I have dispatched your business in great part of it, with these Chapmen you sent me about, and have balanced the account with them, and have received

> the Money in full of all they were indebted unto you, and they are very well satisfied, and …
>
> （用件）
>
> … , which I suppose will yield good profit at home, which you may expect this week by the Carrier, and I would desire a Letter, whether you have any further service to command me in this Country, before my Return, and it shall be carefully performed, Sir, by
>
> Hexham August 2.　　　　　　Your Faithful and Ready Servant at command.
> 　1676.　　　　　　　　　　　　　　　　　　　　　　　　　　　　W. D.

　本状は，出張中の部下から上司（主人）への業務連絡である。冒頭で簡単な挨拶（"After my service unto you …"）の後，通知表現 "These few lines may certify you, (that) …" に続き，用件を説明し，最後に，自分の帰国前までにさらなる業務連絡を待つ（"I would desire a letter, …"）旨述べて終えている。結尾語は "Your … Servant …" と仰々しいが，内容は用件のみを述べた簡潔なレターといえる。

　それに対する返事は以下の通りである。

8)　レター例（8）（Ⅷ.：pp.66-67）

> William,
>
> Your Letter came to my hands the 10th instant, and I am glad you have succeeded so well in my business, that no more of my Debtors halted, but that they have satisfied all so well, that it will much Encourage my trade to deal further with them, pray Remember me kindly unto them all, and let them understand that none shall them better Commodities, and …
>
> （用件）
>
> … , for by Reason of my too long Indisposition of body, hath made me altogether unfit for Travel myself, which my Occasions sometimes requires, and As soon as you have Received my Letter, dispatch the Remainder of my Affairs, with as much

> hast as possibly, and be upon your Return home, which is all at present, from Ludlow August 13.　　　　　　　　　　　　　　　　　Your Loving Master
> 　　　1676　　　　　　　　　　　　　　　　　　　　　　　　　　　　　G. B.

　本状は，主人（"Your ... Master"）から従業員への連絡のため，敬称なしの呼びかけ（"William,"）で始まり，冒頭でレターの受取（"Your Letter came to my hands ..."）を確認し，用件の説明，最後に，定型の結び（「以上」："which is all at present, ..."）で終えている。

　次は同等者間の例である。

9)　レター例（9）（IX.：pp.35-36）

> SIR,
> After an Acknowledgement of your Kindnesses and Favours, of which I have been an extraordinary sharer; I shall let you understand, that the Trade of these Countries is greatly increased by the late Improvement of the Manufactories: So that you may expect, ...
> （用件）
> ... ; though among other Commodities; that pass current in these Parts, nothing is more desired at present than − being at this time very scarce; wherefore, if by the next Vessel you send any considerable quantity, you may infallibly expect a double or treble return. This, Sir, being all at present, of which I thought good to give you Advice, I rest
> 　　　　　　　　　　　　　　　　　　　　　　Your Friend and Servant, D. C.

　本状では，冒頭敬辞（"SIR,"），書き出しの通知表現［"I ... let you understand, (that) ..."］の後，用件を説明，そして，説明終了表現（"This, ... all at present, ..."），結尾語（"Your ... Servant,"）など，一定の形が活用されている。

　以下は返事の例である。

10) レター例（10）（X.：p.114）

London, March 20. 1692.

Sir,

Yours of the 12th Instant I received, and according to your order I have sent you (by John Jones the Carrier) a parcel of Goods, which come to 101. 7s. 6d. The particulars whereof, together with their prices are inserted in a Bill of Parcel herein enclosed, for the payment whereof, ...

（用件）

... and if there happen any miscarriage in packing or ordering of Wares before they come to your hands, upon notice given thereof it shall be amended or allowed for, to your own content, in the meantime I take leave, and subscribe myself.

To Mr. Tho. Wickstead.　　　　　　　　　　　　Your Friend and Servant
　　at Whitchurch　　　　　　　　　　　　　　　Tho. Sherbrook

　本状は，商品の送付案内である。冒頭敬辞（"Sir,"）の後，本文の書き出しでは，レターの受取（"Yours ... I received,"）を確認し，用件を明らかにし，定型の結び（"... I take leave, ..."），結尾語（"Your ... Servant"）と，簡潔に終えている。

　以下も同じような例である。

11) レター例（11）（X.：p.114）

Taunton, April 4th. 1692.

Sir,

Yours of the 28th past I received, and shall be as careful in the management of your Affairs as if they were immediately my own Concerns, my diligence shall always supply your Room in your absence; ...

（用件）

> ... ; but Mr. Burgis has some excellent Perpetuana's, which if you approve of, I shall send you by the first opportunity after Order; I have inclosed some Samples with their prices: Thus with my humbly Service to yourself, &c. I remain
>
> Your faithful Servant to my power
John Patteson.

　本状は，冒頭敬辞（"Sir,"）の後，本文の書き出しでは，レターの受取（"Yours ... I received,"）を確認し，用件を報告し，簡潔な結び "Thus ... I remain"，結尾語（"Your ... Servant ..."）で終えている。

　上記レター例（10）（11）とも冒頭の挨拶はなく，即レターの受取に言及し，用件を明らかにした典型的な同等者からの返事の例である。また，末尾も簡潔に終えている（"I remain ..."）。

　次は上位者からの例である。

12) レター例（12）（XI.：p.51）

> William -
> My absence from Home, by Urgency and multiplicity of Business, I find will be longer than I expected, and seeing I can appoint no certain Day for my return, I command you to be vigilant and careful in my Affairs; ...
> （用件）
> ... I further lay my Commands on you, That you, upon receipt of this, give me a punctual Account how Things have succeeded since my departure; and in so doing you will much pleasure him who is
>
> Your kind and loving Master, A. M.

　本状では，主人（"Your ... Master,"）から従業員への指示が簡潔に伝えられている。上位者から下位者への連絡らしく，冒頭の敬称なしの呼びかけ

("William"),簡潔な結びとなっている。

(2) 特　徴

　これまでの検討から明らかなように，17世紀では，16世紀のレターに見られた冒頭，末尾の挨拶は必ずしも必要とされていない。冒頭では，これまでの挨拶に代わり，受信者への尊敬や親しみを表す簡潔な形の冒頭敬辞が採用されている。

　例えば，典型的な冒頭敬辞"Sir (SIR)""Honoured Sir"や「敬称＋名前」("Mr. Johnson")や名前のみ ("William") など，親しみを示した呼びかけ表現が見られた。この冒頭敬辞の後，単刀直入に用件を説明したレター例〔(2)(3)(5)(9)〕が見られた。「いきなり用件に入った方が望ましい」(V) の教えに従った書き方である。

　一方，用件の説明に際して，通知表現に続き用件を述べる方法，

　　　"These few lines may certify you, (that) ..."（7）
　　　"I shall let you understand, (that) ..."（9）

また，受取レターに言及する方法，

　　　"I have received your Letter, and ..."（4）
　　　"Your Letter came to my hands the 10th instant, and ..."（8）
　　　"Yours of the 12th Instant I received, and ..."（10）
　　　"Yours of the 28th past I received, and ..."（11）

など，種々の書き方が見られた〔レター日付の明示に際し，強調の修飾語 ("instant" "past") が頻繁に用いられている〕。

　上記の例から，冒頭の挨拶はほとんど活用されていないことが明らかである。

　次に，末尾では，依然として，やや仰々しい終り方（"ING"形），

　　　"... , wishing to live no longer the discharge the office of an honest care, praying
　　　　for your long health and ever-lasting happiness, I humbly take my leave."（2）

"... , thus Sir trusting them to the protection of the Almighty, and the Mercy of the Seas, I rest" (6)

また，定型の結びで終える方法，

"... , in the meantime I take leave, and subscribe myself." (10)

などが見られた。ただ，結びの挨拶の活用は少なくなっている。例えば，用件説明の終了（「以上」）で終わる方法，

"... , this with my prayers for good success is all at present," (5)

"... , which is all at present, from" (8)

"This, Sir, being all at present, of which I thought good to give you Advice, I rest" (9)

また，「返事を待つ」で終わる方法，

"So till I hear from you, I rest" (1)

"I pray you therefore, answer me by this Bearer, ..." (3)

"... and I would desire a Letter, whether ..." (7)

など，末尾でも冒頭と同じように，簡潔な終わり方が主流となっている。

以上のように，17世紀も依然として受信者の立場を尊重した書き方が認められたが，上位者宛ての場合でも16世紀ほど頻繁に，仰々しい挨拶は使用されていない。むしろ冒頭，末尾の挨拶文の活用は減少傾向にある。

このように，17世紀のレターには仰々しさが消え，16, 17世紀のマニュアルで強調されていた「簡潔に書く」ということが，やっと実行されるようになってきたように思われる。この傾向は，実際の商人レターにも反映されているのであろうか。

4. 商人レター

17世紀に書かれた実際の商人レターは，モデルレターと同じような簡潔な書き方となっているか。以下，検討してみる［ここでも，冒頭（書き出し）と

(1) レター例

次は 17 世紀半ば頃の例である。

1) レター例 (1)[2)]

> George Warner   Rotterdam, 15th July, 1641
> Loving friend,
> 　I salute you, etc. Yours of the 25th June past I have received, with the enclosed to the Company which I have delivered; and your excuse was so authentic that it was generally allowed of, and you are excused till they shall call you again. Yesterday was our first show day, and ...
> （用件）
> ... Last shipping the[y] looked for light greys and now they desire most sad musk colour, low priced, and if you could send such, the lower priced the better, they will go off. I sold yesterday within 50 whites as many as I did receive per the ship. This being all at present that I have to enlarge upon, I take leave and rest
> 　　　　　　　　　　　　　　　　　　　　　　　　Yours to command,
> 　　　　　　　　　　　　　　　　　　　　　　　　　　Brian Ball.
> Postscript: ... [?] ... cannot meet with so small a bill otherwise ...

　本状では，敬称なしの呼びかけ（"George Warner"）と冒頭敬辞（"Loving friend,"）に続き，口語的な挨拶（"I salute you, etc."）の後，レターの受取（"Yours ... I have received,"）に言及し，用件をやや冗長に説明している。末尾では，定型の "ING" 形 ["This being all at present (that) ..."]，結びの挨拶（"I take leave and rest"）で終えている。ただ，追伸（"Postscript: ..."）を効果的に活用し，最新情報を提供している。

次も，同一人物（Mr. Warner）宛ての例である。これも同じような商人間のやり取りと思われる。ただ，16世紀のモデルレターで散見されたラテン語"Laus Deo"（「神に賛美あれ」）が使用されている。

2) レター例 (2)[3]

> Laus Deo in Amsterdam, 7th October, 1642
> Loving friend, Mr. Warner, my hearty commendations.
>   I have five days past received yours of 24th September, and for your 3 barrels of Lahore indigo as yet here is no convenience of shipping them as formerly I wrote you for Leghorn until the return of the Muscovy ships which are not yet arrived but now daily expected. At their return the Straits ships will begin to lade and not before then; so it will be yet a month or six weeks before ...
> （用件）
> ... you gave order to consign them unto. Indigo remaineth here a drug and no vent for the English sort of Lahore. It will not here - for above 12s. Fl.［＝Flemish］per lb. yet I hear it is worth in - 7s. 6d. or 8s. sterling per lb. which is at least 15s. 6d. or 16s. Fl. - at and can be sent no time shall be neglected - and many other commodities are as drug here - being too much over laid so until further - do cease and commit you to God's protection, resting
>
>   Your loving friend,
>   Henry Whitaker.

本状は，冒頭の呼びかけ［"(Loving friend,) Mr. Warner,"］と挨拶（"my hearty commendations."）の後，レターの受取（"I have ... received yours ..."）に言及，商人間の通信らしく用件のみを伝えている。ただ，簡潔ではあるが，短い冒頭と末尾の挨拶文が挿入されていることから，ビジネスレターの書式を熟知した，経験豊富な商人が書いたレターと思われる。

次は1650年の例である。

3) レター例 (3)[4]

> Right Worshipful Sir and Sirs,
>
> After our hearty commendations. We received your letter of the 20th ultimo, whereby we perceive ours of the 17th February came to hand, and that you at a general court have ordered a consultation to be held at your city by those who are deputed from our brethren of Hull and ...
>
> (用件)
>
> ... we have chosen and furnished Mr. Edward Mann and Mr. William Carr with instruction to treat with you on all such things as may concern the general goods of our fellowships in carrying on a trade for these northern parts, we wish good success in these matters of so great concernment, so we take leave and rest,
>
> Your loving friends and brethren, &c.
>
> Christopher Nicolson, Governor.

本状では，複数形の冒頭敬辞（"Right Worshipful Sir and Sirs,"）と簡単な挨拶（"After our hearty commendations."）の後，レターの受取（"We received your letter ..."）に言及，その内容を確認し，末尾では，相手への思いやり（「成功祈願」；"we wish good success ..."）と結び ["(so) we take leave and rest,"] と結尾語（"Your ... friends and ..."）で終えている。また，「月」強調の修飾語 "(the 20th) ultimo" が使用してある。

次は同時代の会社間の例である。

4) レター例 (4)[5]

> Right Worshipful Sir and Sirs,
>
> Yours of the 11th instant we answered the 18th of the same, which we hope you have received; since which another from you bearing date the 18th of this instant we likewise received, to which we return you this answer, vidt., that we intend

> (God willing) to send Mr. Henry Penrose, a brother of our Company, tomorrow for London, in relation to the business mentioned in your letters, ...
> (用件)
> ... , according as you desire it, yet time will not admit of a meeting now, but it nearly concerns all of us to fall into speedy action for preventing further inconveniences. And so we take leave and subscribe ourselves,
>   Your worships' loving brethren the Governor, Assistants and Fellowship of Merchant Adventurers resident in York.
> Robert Honer, Governor, in the name of the rest of the Company.

本状では, レター例 (3) と同じ複数形の冒頭敬辞 ("Right ... Sir and Sirs,") の後, 挨拶なしに, 最近の受発信レター [「発信」; "Yours ... we answered ...", 「(相手の) 受取」; "... (we hope) you have received,"「(もう一通の) 受取」; "... another from you ... we received,"] に言及, 返信 ("... we return ... this answer ...") である旨明示したうえで, 用件を伝えている。末尾は定型の結びの挨拶 ["(And so) we take leave and subscribe ..."] で終えている。

その返事は下記の通りである。

5) レター例 (5)[6]

> Right Worshipful Sir and Sirs,
>   Yours of the 22 instant we have received, whereby we perceive that you and our bretheren of Hull have already sent away 2 of the Company and a master of a ship for London, furnished with instructions ...
> (用件)
> ... , ordering him to repair to Mr. Penrose, and the other two sent, and to join with them in the prosecution of the business, to whom we have likewise sent our instructions. We wish good success in these matters, which so nearly concerns our northern trade in general. And so we take leave and rest,
>   Your loving brethren, the Governor, &c.

本状もレター例（3）（4）と同じ冒頭敬辞（"Right ... Sir and Sirs,"）の後，挨拶なしに，レターの受取（"Yours ... we have received,"）に言及し，その内容を理解している ["... we perceive (that) ..."] ことを明らかにしている。末尾は本件の解決の希望（"We wish good success ..."）と定型の結び ["(And so) we take leave and rest,"]，結尾語（"Your ... brethren, ..."）で終えている。

両レター例（4）（5）とも，冒頭の挨拶なしに即用件に入り，簡単な定型の結びの挨拶で終えている。

次はやや長文の例である。

6）　レター例（6）[7]

---

22 February 1668

We write today, by the grace of God, on the 22nd of February, with yours of the 7th instant. With it we received the account of the 20 sacks of galls purchased and loaded in Marten Jansen Tiel. We have checked the account and agreed it with you. May God bring them in safety. The market is weak here and ...
（用件）
　　Would you please find out, discreetly, if one could get 20, 000 to 30, 000 ox-horns in [London] – and how much per thousand they would cost, with all charges free on board, and if one may export them wheresoever one wishes? Please give us reliable information about this and we will gladly serve you in return. With cordial regards, &c.

Carsten Steen has arrived here. Nothing is yet heard of Marten Jansen Tiel. ...

本状は返信である。冒頭で，受取レター ["yours (of the 7th instant)."] に対する返信 ["We write (today),"] であると明らかにし，用件を長々と説明の後，発信者はいったんここで終えている（"With cordial regards, &c."）が，末尾で，

追加的に最新情報（"Carsten Steen ... arrived ..."）を提供している。本文で様々な用件に言及したにもかかわらず，さらに追伸を活用している。

次は17世紀後半の例である。

7) レター例（7）[8]

> Bedford, November 27th 1684
>
> Mr Nicholas Bear
>
> 　We desire you to take the first opportunity of a fair wind and tide that god shall vouchsafe, and sayle out over the Bar with our shipe Vineyard, and if possible, to stop in the Road of Cloveley so long as to take in twenty－three barrels of herrings from Mr. Benjamin Coker, from thence directly for Waterford in the Kingdom of Ireland, ...
>
> （用件）
>
> ... and when your Business is over to come directly home for Bedeford We hope that your Care, Prudence and Diligence will be such（in the Management of all our Affairs）that may make much for your Credit and Honer, and have the continuance of the favour and respects of
>
> 　　　　　　　　　　　　　　　　　　　　Your loveing friends
> 　　　　　　　　　　　　　　　　　　　　　　John Darracott
> 　　　　　　　　　　　　　　　　　　　　　　　Edward Wren
> 　　　　　　　　　　　　　　　　　　　　　　　Robert Wren
>
> Mr. Bear if you are Disappoynted in Anything above saide that ...

本状は，船の監督者（船長）に宛てた詳細な移動指示である。本文はピリオドのない文章で書かれているためわかりづらいが，冒頭の挨拶もなく，用件を詳細に説明している。さらに，追伸を活用している。本状もレター例（6）と同様に，本文での用件説明に加えて，追伸が有効活用された例で，余計な挨拶

もなく，用件のみを伝えている。

下記も同じような追伸を活用した例である。

8) レター例 (8)[9]

> Bristol the 10th December 1694.
> Mr Cary
> Yours of the 5th instant (to William Swymmer) Came to hand in due time to Advise that you were earnestly solicited by the London Merchants to desire us to join with them in opposing the African Company in getting that trade Exclusive of all others.
> ...
> （用件）
> ... , and desire you to act as heartily as you can, that the Company may not obteyne A Charter soe much to the prejudice of the trade of this Kingdome, And for your charge you need not question being reimbursed, having so many subscribers and the master intends to call a Hall this week, we are, Sir,
>
> Your Humble servants
Sam.l Price
Wm Swymmer
>
> 　　If the petition sent you be not to The London Merchants likeing, please to send downe A Copy of what they would have and it shall be forwarded by the next post after its receipt.

本状は，冒頭の呼びかけ（"Mr Cary"）で始まり，挨拶もなく，受取レター（"Yours ... Came to hand ..."）に言及し，用件を述べている。具体的な商取引に関するものではないが，組合のロンドン駐在員に宛てた業務上の指示である。本状もレター例（7）と同様に，追伸で追加指示（"please to send downe A Copy ..."）がなされている。

(2) 特　　徴

　これまでの例からわかるように，17世紀の商人レターでは，用件である本文の説明がやや冗長となっている。これは，受信者の理解度を高めることに重点が置かれていたためと思われる。マニュアルの指示通りに，用件を簡潔に書くのではなく，少し長め（詳細）に書く傾向が見られた。しかも，追伸を意識的に活用している例が多かった。

　この追伸に関して，当時のマニュアルでは特に言及されておらず，その活用も否定されていない。レターの受発信が限られていた当時のこと故，発信者は，レターで知らせるべき用件の説明が終わった直後に，自分の身辺で起きた新たな状況の変化や事態の進展など直近の情報を，後日のレターで伝えるよりも，比較的気軽に，容易に，しかも早く，追伸という形で伝えようとしたのであろう。商人は，追伸を効果的に活用することによって，迅速かつ簡単に，最新情報を提供することができたようである。

　商人レターの冒頭では，モデルレターと同様に，冒頭敬辞の活用が多くなっている。例えば（「/」は改行），

　　"George Warner / Loving friend,"（1）
　　"Loving friend, Mr. Warner,"（2）
　　"Right Worshipful Sir and Sirs,"（3）（4）（5）
　　"Mr Nicholars Bear"（7）
　　"Mr Cary"（8）

と，多用されている。このことから，当時の商人は，冒頭敬辞の使い方を十分理解していたようである。受信者の名前がわかっている場合（"Mr"＋名前），団体，会社宛ての場合の複数形の使用（"... Sir and Sirs"）など，現代の書式に則っている。

　次に，本文の書き出しでは，冒頭の挨拶を省き，受発信レターに言及してから用件を述べる方法が多く見られた。例えば，

"I have five days past received yours of 24th September, (and for your 3 barrels of ...)" (2)

"Yours of the 11th instant we answered (the 18th of the same, which ...)" (4)

"Yours of the 22 instant we have received, (whereby we perceive that ...)" (5)

"We write today, by the grace of God, on the 22nd of February, with yours of the 7th instant. (With it we received ...)" (6)

"Yours of the 5th instant (to William Swymmer) Came to hand in due time to Advise that ..." (8)

などである（レターの代名詞"Yours"形の活用が多い。「時」の強調表現も多用してある）。しかしながら，依然として冒頭の挨拶文を採用している例もある。例えば（「/」は改行），

"I salute you, etc. (Yours of the 25th June past I have received, ...)" (1)

"(Mr. Warner,) my hearty commendations. / (I have five days past received yours of 24th September, ...)" (2)

"After our hearty commendations. (We received your letter of the 20th ultimo, ...)" (3)

のように，仰々しくはなく，簡潔な挨拶文である。

末尾では，結びの挨拶がまだ活用されている。例えば（「/」は改行），

"..., I take leave and rest / (Yours to command,)" (1)

"- do cease and commit you to God's protection, resting (Your loving friend,)" (2)

"..., so we take leave and rest, / (Your loving friend and brethren, &c.)" (3)

"And so we take leave and subscribe ourselves, / (Your worships' loving brethren the Governor ...)" (4)

"And so we take leave and rest, / (Your loving brethren, the Governor, &c.)" (5)

など，比較的簡潔な終わり方となっている。

また，結びの挨拶のないレター例 [(6) (7) (8)] も見られたが，これは，発信者が追伸を活用したために，あえて結びの挨拶を省いたのであろう。

用件説明の終了表現（「以上」）も1例（1）のみで，これは，冒頭の通知表現の活用例の少なさと関連があるのかもしれない。

このように，商人レターでは，冒頭の挨拶は必ずしも必要とされず，用件説明の通知表現も活用されていない。一般に本文の書き出しでは，特に17世紀半ば以降，受発信レターに言及する書き方が基本となっている［挨拶文が採用されているレター例（1）（2）（3）はいずれも40年代，50年代のものである］。

ただ，末尾に関しては，簡潔ではあるが，何らかの結びの挨拶が要求されている。当時の商人たちにとって，用件の説明だけで終える書き方には，まだ礼儀に反するという思いがあり，挨拶を省略する勇気はなかったのかもしれない。

上記のことから，17世紀の商人レターは，用件の説明が冗長となる傾向はあるが，冒頭，末尾では，16世紀に顕著であった仰々しさが消え，マニュアルの指示通りの簡潔さに近づいているといえる。

5. まとめ—17世紀の特徴—

17世紀は依然として，16世紀の影響を受け，相手を敬う書き方が重視されている。その代表的な教えは，「間隔（スペース）の活用」である。行と行との間隔の大きさによって，相手への尊敬の度合いを示す方法である。

例えば，宛名を書く場合，1行目と2行目の間隔を広く取れば，それだけ尊敬の度合いが大きいことを意味する。同様に，レター本文の文頭においても，身分の高い人に出す場合は，冒頭敬辞（"Sir"）と本文の書き出しの間隔を十分あける必要がある。

一方，身分の低い者に対する場合は間隔を広く取る必要はない。商人宛ての場合は，冒頭敬辞［「敬称（"Mr"）＋名前」］で呼びかけ，そのまま本文に入る

方が望ましいと教えている。末尾においても，レター本文の終わりと結尾語の間隔をあければあけるほど，尊敬の度合いが高いことになる。

　このような発信者と受信者の身分の上下関係を行と行の間隔（スペース）で表す方法は，非常にユニークな教えである。この考えが，やがて「インデント・スタイル」へと発展していったものと思われる。

　この外見上の形式重視の教えにもかかわらず，レターそのものの仰々しさは影を潜め，16世紀の特徴であった冒頭，末尾のやや冗長な挨拶の採用が極端に少なくなっている。17世紀の一般的なレタースタイルとしては，冒頭敬辞で始まり，冒頭の挨拶は省き，受発信レターに言及し，用件の説明に入る。用件の説明が終了した末尾では，簡潔な結びの挨拶を活用するか，「これにて終わり（以上）」「返事を待つ」などと結び，結尾語・署名で終えるのが望ましい，と教えられていた。

　商人レターにも同様のことが当てはまる。レターの冒頭では，受信者への親しい呼びかけである冒頭敬辞に続き，受発信レターに言及する書き方が多く見られた。まさに「（長文レター以外の場合には）いきなり用件に入った方が望ましい」（V）の教えに従っている。

　末尾に関しては，マニュアル上でも簡単な結びの挨拶の必要性が指摘されており，実際の商人レターでも，簡潔ではあるが，依然，結びの挨拶が多用されている。

　さらに，商人レターの末尾の特徴として，追伸の活用が挙げられる。マニュアル上での説明は全くなく，モデルレターとして典型例の提示もないが，このような多くの追伸が実際に活用されているレターに接すると，当時の商人たちが，追伸を効果的な伝達方法として意識的かつ積極的に活用していたと推測できる。

（注）
1) 本章で参考にしたマニュアルは，以下の通りである。なお，本章における下記マニュアルからの引用の場合は，マニュアル番号（I. II. ……）を活用・表記

する。
   I. Nicholas Breton, *A Poste with a Packet of Madde Letters*, 1609.
   II. M. R., *A President for Young Pen-men, or The Letter Writer*, 1638.
   III. Gervase Markham, *Conceited Letters Newly Layde Open, etc.* 1632.
   IV. I. W. Gent., *A Speedie Poste*, 1629.
   V. John Massinger, *The Secretary in Fashion*, 1654.
   VI. Philomusus, *The Academy of Complements*, 1640.
   VII. Edward Philips, *The Mysteries of Love & Eloquence*, 1658.
   VIII. W. P., *A Flying Post*, 1678.
   IX. John Hill, *The Young Secretary's Guide, Or A Speedy Help to Learning*, 1696.
   X. John Hawkins, *The English School-master Compleated*, 1692.
   XI. T. Goodman, Esq., *The Experienced Secretary, Or Citizen's and Countryman's Companion*, 1699.
2) Joan thirsk and J. P. Cooper (eds.), *Seventeenth-Century Economic Documents*, Clarendon Press, Oxford, 1972, pp.496-497.
3) *Ibid.*, p.500.
4) John Roberts Boyle and Frederick Walter Dendy (eds.), *Extracts from the Records of the Merchant Adventurers of Newcastle-upon-Tyne*, Vol. I, Andrews & Co., Durham Whittaker & Co., 1895, p.165.
5) *Ibid.*, pp.175-176.
6) *Ibid.*, p.176.
7) Henry Roseveare (ed.), *Markets and Merchants of the Late Seventeenth Century, The Marescoe-David Letters, 1668-1680*, The Oxford University Press, 1987, p.223.
8) Ralph Davis, *The Rise of the English Shipping Industry In the Seventeenth and Eighteenth Centuries*, London, Macmillan & CO., LTD., 1962, pp.270-271.
9) Patrick McGrath (ed.), *Records Relating to the Society of Merchant Venturers of the City of Bristol in the Seventeenth Century*, MA, Bristol record Society's Publications, Vol. 17, 1952, p.232.

第3章　18世紀の英文ビジネスレターの特徴

　18世紀の英国は,いわゆる「商業革命」を経て,経済的には非常に恵まれ[1],購買力の旺盛な都市型中流階級が成長し,彼らを満足させる「洗練された商品」,すなわち文化の商品化がもたらされた時でもあった[2]。同時に,文化が首都ロンドンから地方へと波及し,ロンドンを中心とするコミュニケーションのネットワーク化が進んだ時期でもあった[3]。

　また,18世紀半ばの英国国民の読み書きは,男子で6割,女子は3割まで向上したと考えられており[4],身近な読書は娯楽として,あるいは教養を高める手軽な手段として,ますます一般大衆に受け入れられるようになった。ブリュウノ・ブラセルの「18世紀は,人々が読書熱にとりつかれた時代」[5]という指摘の通り,18世紀の英国では,大量の書物が出版され,マニュアルもその例外ではなかったと思われる。

　最初の英文マニュアル *The Enimie of Idlenesse* の発行（1568年）から約150年を経た18世紀の初期には,マニュアルの教本として,あるいは参考書としての役割は十分認められていた。若い商人たちも当然手に取ったはずである。彼らは一般に,10代半ば頃に親方に弟子入り（徒弟奉公）し,取引に必要な技術を習得した後,独立するのが普通であった。しかし,現実には,日常の業務に追われるばかりで,特にレターの書き方を正式に学ぶ時間的余裕はあまりなかったようである[6]。そのため,彼らは,臨機応変にしかも簡単にレターが書けるような専門書,マニュアルを求めていたのかもしれない。

　本章では,18世紀の下記マニュアルを中心に,レターにまつわる特徴を探ることにする[7]。

　　I.　Martin Clare, *Youth's Introduction to Trade and Business*（1720-1782）

II. Samuel Richardson, *Letters Written To and For Particular Friends, On the most Important Occasions*（1741-1746）

III. Thomas Cooke, *The Universal Letter-Writer, or New Art of Polite Correspondence*（1771?-1863）

IV. Charles Wiseman, *Epistolae Commerciales, or Commercial Letters, in Five Languages, viz. Italian, English, French, Spanish, and Portuguese*（1779-1794）

1. 通信文（レター）について

　今や通信文（レター）は，商取引になくてはならない不可欠なものとなっている。事実，
　「特に書くことは，日常業務の重要な部分を占め，若い商人が自由に専門家のように書けることは，ビジネス上の問題を効果的かつ迅速に処理するために不可欠である」（I.：序文）
と，述べられているように，レターが円滑な商取引の遂行のために重要な役割を果たすことは十分認識されていた。しかし，若い商人がその技術を身につけることは容易ではなかった。例えば，
　「若者の教育は読むことから始まり，文法，書くことへと段階的に行われる。……この書く技術は，……一朝一夕に習得されるものではなく，有能な主人の監督・指導の下，訓練により徐々に得られる」（I.：序文）
と，その技術習得には系統的な教育，訓練と長い時間が必要であった。しかも，若者が働きながらレターの書き方を学ぶことは大変であった。
　「多くの商人は，自分の意思を明快に洗練された表現で伝えたいと思いながらも，日常業務に追われ，学習する時間的余裕がない」（III.：p.10）
など，現実は厳しかった（序章3参照）。
　このように，日常業務を任される若い商人にとって，正しいレターを迅速に

書くということは緊急の課題であった。

2. 通信文（レター）の書き方について

　上述のように，商取引におけるレターの存在，意義，役割が大きくなるにつれ，マニュアル上でもビジネスレターは単なる一般的なレターの一部としての扱いではなく，ビジネスレター独自の項目（章）を設け，具体的な書き方が説明されるようになった。

（1）　ビジネスレターの書き方

　当時の英国商人は世界を目指していた。航海法による飛躍的な貿易量の増大，海外進出を背景にした輸出主導型の貿易構造の転換に伴い，商人たちの取引範囲は格段に広くなってきた[8]。多くの商人たちは，

　　「（円滑な取引遂行のために）レターを介して，遠隔地の取引先と話しをしなければならない」(Ⅲ.：p.10)

状況であった。多忙な彼らは，レターを活用することによって，世界中の業者と連絡することができた。彼らは，

　　「レターを通して，あたかも直接会っているかのように対話を行う。その場で言いたいことを書けばよい」(Ⅰ.：p.92)

のである。しかしながら，

　　「『話しをする前にもう一度よく考えなさい。そうすれば，以前よりもはるかに優れた話をすることができる』というクエーカー教徒の教えから，書簡の場合にもこの教えが当てはまる」(Ⅲ.：p.18)

と，レターを書く前に準備・推敲することが求められていた。さらに，実際に書くビジネスレターは，

　　①　自然であること

②　社会的地位にふさわしい礼儀作法を心がけること
③　わかりやすいこと
④　一般に使用されている表現を使うこと

など（II.：序文），発信者は心がけなければならない。

　商取引の場で実際にペンを取る商人は，

「商人のレターは明瞭，簡潔，適切でなければならない。相手にためらいや疑いを抱かせないように，古風な堅苦しい表現，曖昧な書き方，略語の使用は避ける。取引に関するあらゆる指示や問題点は，明瞭，明快に伝えなければならない。……レターを受け取った場合には，返事は，当然，所定の時間内に出すべきであり，内容は明瞭かつ直接的でなければならない」（I.：p.92）

ことに留意し，具体的には，

「取引に関するレターの場合，主題（テーマ）を十分斟酌し，明瞭，簡潔に書くことを勧める」（III.：p.18）

同様に，

「正しい商用文を書く時には，正確さ，明快さ，わかりやすさ，簡潔さの4点に気をつけ，華美な洗練された表現はなるべく慎み，形式や挨拶も控えるべきである」（IV.：序文）

などの点に注意して書けばよいのである。わかりやすさを基本にした従来の教えと同じである。

　ただ，前世紀までの教えと異なるところは，「話すように書く」を意識している点である。例えば，

「レターを書くことは，人前で話しをすることと同じで……気取りを排除すれば，自分の伝えたいことがより明確になり，表現も明瞭，平易，わかりやすく，洗練されたものになる」（III.：p.18）

はずである。また，

「レタースタイルは，会話の場合と同じように短く，整然と，親しみ深く，意味がはっきりと伝わるものにしなければならない」（I.：p.92）

など，「レター（書くこと）＝話すこと」が強調されている．

(2) 「相手本位」の書き方

18世紀のマニュアル，*The Universal Letter-Writer, or New Art of Polite Correspondence* では，前世紀と同様に相手本位の書き方を重視し，具体的な例文を示している．例えば，クレームレターの場合（Ⅲ.：pp.62-63），冒頭からいきなり用件に入らず，

> "... I must, indeed, confess that the goods you sent me for some time were as good as any I could purchase from another, and so far I had not any reason to complain."

など，今までの取引では全く問題はなかったことを説明した後，

> "But now the case is quite different. The two last parcels you sent me are so bad, that I dare not offer them to my customers. ..."

と，本題（クレーム）に入り，解決策を提示している．要するに，このレター例では，冒頭の説明がトーンを和らげる一種の緩衝役として機能することにより，発信者の強い抗議が緩和され，相手への配慮が窺える．

また，マニュアル *Letters Written To and For Particular Friends, On the most Important Occasions* の支払い請求の場合（Ⅱ.：p.53）では，相手の苦しい状況を勘案し，相手を思いやる方法が取られている．例えば，冒頭で，

> "I find myself constrained, by a present Exigence, to beg you to balance the Account between us. ..."

のように，単刀直入に用件（「支払い請求」）を明らかにしながら，最後の部分では，

> "If it suits you not to pay the Whole, I beg, Sir, you will remit me as much towards it as you can, ..."

と，全額が無理なら一部の返金でもよい，と相手への配慮を考えた対応をしている．また，一連の支払い請求の例（Ⅱ.：p.54）でも，最初の穏やかなトーンで請求する方法から徐々に厳しいトーンに変化する段階的な対応の取り方を示し

ている。

　上記の例からわかるように，前世紀と同様，18世紀でも，相手を傷つけないような語句，表現を用いることによって，相手を奉る配慮（「相手本位」の書き方）が求められている。

3. モデルレター

　ビジネスレターの重要性が高まるにつれ，18世紀半ば過ぎには，形式の整ったモデルレターが示されている。例えば，

発信地，年月日：	Aleppo, the 1st of January, 1776.
受信者：	Mr. Alexander Arne,
	Of Algiers,
挨拶（冒頭敬辞）：	Sir,
本文：（書き出し）	Having hitherto served as factor to Mr. Sauter, where I first had the honour of your acquaintance, and …
（用件）	…
（結び）	… , with which have the honour to conclude this, assuring you that no one is more than myself,
結尾語：	Sir, your most humble Servant,
発信者：	ANTHNY de PAZ.
受信者：	To Mr. Alexander Arne,
	Merchant at Algiers.

のように，一定のレタースタイルが確立している（Ⅳ.：pp.1-2）。

　以下，具体的な商取引上の例を見てみる〔冒頭（書き出し）と末尾（結びの挨拶）部分を取り上げる〕。

(1) レター例

最初は，商品注文の例である。

1) レター例 (1) (I. : p.96)

Exon, June 16, 1764.

Mr. Nicholas Allom and Comp.

This is to desire you to send per the next Vessel bound for Exeter, the Goods following, viz. Galls, 3 Bags; Indigo, 5 Barrels; ...

（用件）

... I have here inclosed sent you a Bill of Exchange, at 12 Days Sight, on Mr Lawrence Gemroy, Merchant in London, to whom I have given Advice this Days. Set the Prices as low as you can, and when you expect your Money for this Parcel, draw your Bills upon me, they shall receive due Honour from

Your loving Friend,

Zach. Careful.

本状は，冒頭敬辞（"Mr. Nicholas Allom and Comp."）の後，レター本文の最初から "This is to desire you to ..." と単刀直入に用件を明らかにし，結尾語（"Your ... Friend,"）で終えている。用件のみを伝えた簡潔な書き方である。

以下の例は，主人の代理として弟子が書いたものである。

2) レター例 (2) (I. : p.97)

Sir,   London, June 24, 1764.

My Master received yours of the 16th Instant, with the Bill of Exchange inclosed, which is now accepted. The Parcel of Goods, wrote last for, I have this Day shipped on board the Coaster of Exon, ...

> （用件）
> ... ; for that Reason, I have taken all possible Care to please you in both Goods and Prices. What you have further Occasion for in our Way, be pleased to signify your Order, and it shall faithfully and diligently be performed by, Sir,
>
> Your humble Servant,
>
> Ferdinando Failnone.
>
> Servant to Mr Nich. Allom and Comp.

　本状でも，用件が簡潔に述べられている。冒頭敬辞（"Sir"）の後，受取レター（"My Master received yours ..."）に言及した後，用件を伝え，結尾語（"Your ... Servant,"）で終えている。

　上記レター例(1)(2)とも用件のみを伝えた簡潔なビジネスレターといえる。次は，支払い請求に対する返事の例である。

3)　レター例（3）（II.：p.53）

> SIR,
> I am very glad I have it in my power to send you now, directly, One hundred Pounds, on Account between us, which I do by our Carrier, who will pay you in Specie. I will soon remit you the Balance of your whole Demand, and ...
> （用件）
> ... , if I am not greatly disappointed, I will accompany it with an Order, which will begin in a new Debt; but which I hope to be more punctual in discharging, than I have been in the last. I am, very sincerely,
>
> Your Friend and Servant.

　本状では，書き方に工夫が施されている。冒頭敬辞（"SIR,"）の後，レター本文の最初から "I am very glad ..." と，良い知らせであることを明らかにし，

期日通りの支払いを約束し、簡潔に終え（"I am ... sincerely,"）、結尾語（"Your ... Servant."）で結んでいる。

次は、最も一般的な取引申込の例である。

4) レター例（4）（Ⅲ．：p.43）

> Stafford, Feb. 3, 1771.
>
> SIR,
> My apprenticeship with Mr. Wilson being expired, during which I had proofs of your integrity in all your dealings with my worthy master. My parents have given me two hundred pounds to begin the world, but ...
> （用件）
> 　My late master has no objections to my setting up, as it will not be in the least prejudicial to his business. I shall depend on your sending me the following order as soon and cheap as possible, and am,
> 　　　　　　SIR,
> 　　　　　　　　　　　　　　　　　　　　　　　Your humble Servant.

本状では、冒頭敬辞（"SIR,"）の後、研修の終了（"My apprenticeship ... expired,"）と親の援助による開業［"(My parents) ... to begin the world,"］を知らせ、注文品の送付を依頼し、定型の結び［"I ... , (and) am, / SIR, / Your ... Servant."］で終えている（「/」は改行）。

その返事は以下の通りである。

5) レター例（5）（Ⅲ．：p.44）

> Yours I received and am extremely glad to hear that your parents have enabled you to open a shop for yourself. Your behaviour to your late master was such, that ...
> （用件）

> ... I heartily wish you success in business, and doubt not but you well know, that honesty and assiduity are the most likely means to insure it, and am,
>
> Your obliged Servant.

　本状では，冒頭でレターの受取（"Yours I received ..."）と開業の知らせを喜び["I ... (and) am ... glad to hear (that) ..."]，用件を述べ，最後に，ビジネスの成功を祈念し，良きアドバイスも与え，定型の結び["I ... (and) am, / Your ... Servant."]で終えている（「/」は改行）。

　以下も同様の取引申込の例である。

6)　レター例（6）（Ⅳ.：pp.2-3）

> 　　　　　　　　　　　　　　　　　　　　　　　Berlin, 2d February, 1776
> Mr. Barholomew Benella,
> 　　at Brussels,
> 　Sir,
> HAVING the honour to know you by reputation, as also by means of Mr. Vaillant of Pavia, who is one of my intimate friends, I take the liberty of writing to you, on the assurance he gave me that you would take it in good part, ...
> （用件）
> ... , I have a universal knowledge of all sorts of wares, so that in whatever you shall please to employ me, you may depend on being served in the best manner I am able, therefore waiting the honour of your commands,
> 　　　　　　　　I am, kindly saluting you,
> 　　　　　　　　　　Your most humble Servant,
> 　　　　　　　　　　　　BALDWIN BALLARD.

　本状では，相手への呼びかけ（"Mr. Barholomew Benella,"）と冒頭敬辞（"Sir,"）の後，相手の評判と友人の紹介によることを明らかにしたうえで，取引の申込を行っている。末尾は定型の"ING"形["(therefore) waiting ..."]と文字通り

最後の挨拶（"I am ... saluting you,"），結尾語（"Your ... Servant,"）で終えている。初めての通信のため，やや気取った形式重視の書き方で，末尾はインデント・スタイルで終わっている。

次は，注文に対する返事の例である。

7) レター例 (7) (Ⅳ.：pp.12-13)

　　　　　　　　　　Moscow, 10 October, 1776.
Mr. Moses Moreton,
　　　of Milan,
　　Sir,
IN answer to your esteemed favour of the 23d instant, 'tis with pleasure I hear of your establishment and good state of health, may God continue the same and shield you from all misfortunes. As this is the first time I have had the pleasure of your correspondence, ...
（用件）
... , I have done all in my power to send you such goods as will please you. The remittance will be made by the way of Lugan, addressed to Mr. Anthony Benn, with orders to send them to you immediately. Inclosed you'll see the account, and please to credit me in 2400. fl. imperial money.
　　　　　　　　　　　　　　　I am, with all imaginable regard,
　　　　　　　　　　　　　　　　　Your humble Servant,
　　　　　　　　　　　　　　　　　　　MATHEW MORDOC.

本状も，レター例 (6) と同じような呼びかけ（"Mr. Moses Moreton,"）と冒頭敬辞（"Sir,"）で始まり，本文の最初では，相手のレターに対する返信（"IN answer to your ... favour ..."）であることを明らかにしながら，やや仰々しい挨拶に続き，相手の取引の申込に感謝している。そして，具体的な用件を明らかにし，結び（"I am, ... / Your ... Servant,"）で終えている（「/」は改行）。末尾はレター例 (6) と同様に，インデント・スタイルが採用されている。

次は，値下げ要求の例である．

8) レター例（8）（IV.：pp.22-23）

> Dear Sir,
> YOUR last most esteemed favour of the 7th instant is come to hand, wherein I perceive you have received the remittance made you in a bill of exchange for 1600 fl. drawn upon Mr. Merville of Turin, of which you will procure the payment, giving me credit and advice thereof. ...
> （用件）
> ... ; as to the rest I must observe, that the prices of your stuffs are so high that I see no opportunity of furnishing you with my commissions, but if you should happen to make any abatement in the price, beg you will let me know it. I am with all possible regard, &c.

本状では，冒頭敬辞（"Dear Sir,"）の後，レターの受取（"YOUR ... favour ... come to hand,"）を明らかにし，用件を述べている．最後に，値下げの要求を希望し，簡潔な挨拶（"I am ... regard,"）で結んでいる．

(2) 特　　徴

これまでの例からわかるように，18世紀のモデルレターでは，冒頭敬辞が採用されており，その代わりに冒頭の挨拶は不要とされている．そして，用件が伝えられた後，末尾の挨拶も採用されていない．また，神への言及もない．ただ，前世紀から顕著なように，レター本文の最初と終わりに，ビジネスレター特有の言い回し・表現が随所に見られる．

例えば，書き出しでは冒頭敬辞の後，単刀直入に，
① 事務連絡的な通知表現

"This is to desire you ..."（1）

　　　　"I take the liberty of writing to you ..."（6）

などのややかしこまった書き方と，

　②　感情的（「喜び」）通知表現

　　　　"I am very glad ..."（3）

　　　　"... and am extremely glad to hear (that) ..."（5）

　　　　"... 'tis with pleasure (I hear of ...)"（7）

など，発信者の思いを率直に表す形も見られる。

　また，定型の「レター受取」に関して，従来の，

　①　"yours"形（下線部）

　　　　"My Master received <u>yours</u> of the 16th Instant,"（2）

　　　　"'<u>Yours</u> I received (and) ..."（5）

だけでなく，より丁寧な表現の，

　②　"favour"形（下線部）

　　　　"IN answer to your esteemed <u>favour</u> of the 23d instant,"（7）

　　　　"YOUR last most esteemed <u>favour</u> of the 7th instant is come to hand,"（8）

が用いられている。

　末尾では，簡潔な挨拶，

　　　"I am with all possible regard, (&c.)"（8）

また，"ING"形の結び（「/」は改行），

　　　"... therefore waiting the honour of your commands, / I am, kindly saluting you, /
　　　　(Your most humble Servant,)"（6）

など，従来の書き方も見られるが，一般的には結びの挨拶は用いられず，下記のような結び（表現）と結尾語が対になった書き方が多く見られた（「/」は改行）。

　　　"... they shall receive due Honour from / Your loving Friend,"（1）

　　　"it shall faithfully and diligently be performed by, Sir, / Your humble Servant."（2）

　　　"I am, very sincerely, / Your Friend and Servant."（3）

　　　"... and am, / SIR, / Your humble Servant."（4）

　　　"... and am, / Your obliged Servant."（5）

"I am, with all imaginable regard, / Your humble Servant," (7)

以上のような特徴は，実際の商人が書いたレターにも見られるのであろうか。

4．商人レター

モデルレターと同様に，実際の商人レターでも簡潔な書き方が行われているのか，以下，検討を試みる〔ここでも，冒頭（書き出し）と末尾（結びの挨拶）を引用する〕。

(1) レター例

以下の例は，18世紀初期のものである。

1) レター例 (1)[9]

　　　　　　　　　　　　　　　　　　　London, the 13th November, 1701
My Lords and Gentlemen,
　I am favoured with yours of the 11th September last, and the only reason that I could not give an answer sooner was that Mr. Paterson had some trouble to get some difficulty removed out of the way as to the twenty water shares, – the bookkeeper of that office had made a mistake to his wrong. ...
（用件）
... I am heartily sorry for the misfortunes the Company has met with. There are sundry papers and bills of Smith's in my hands, also a tally and warrant upon the additional imposition for three hundred pounds. This is all that offers at present from,
　　　　　　　Your very humble and obedient servant,

> My Lords and Gentlemen,
>
> Hugh Fraser.
>
> For Mr. Roderick Mackenzie,
> Secretary to the Indian and African Company in Scotland.

　本状では，冒頭敬辞（"My Lords and Gentlemen,"）の後，受取レター（"I am favoured with yours ..."）に言及し，用件を詳しく説明している。末尾は用件説明の終了［「以上」；"This is all (that) ..."］と簡潔に終えている。上位者宛てのため，仰々しい結尾語（"Your ... and ... servant,"）が採用されている。

　次は18世紀半ば近くの例である。

2)　レター例（2）[10]

> May 16, 1739.
> (Should be April 14;
> received April 16.)
>
> SIR,
> 　I have your last, in which you desire to know what money can be paid to Sir Francis Child for His Grace's use by the 10th May.
> （用件）
> 　The receiving for Thorney is fixed 8 days in the first and second week in May, and you are sensible I ought to receive a good deal of money then.
>
> 　　　　　　I am, Sir,
> 　　　　　　　Your humble servant,
> 　　　　　　　　Richard Disbrowe.

　本状は，入金の確認に対する返事である。冒頭敬辞（"SIR,"）の後，受取レター（"I have your last, ..."）に言及し，用件を説明している。用件のみを伝えた簡潔なレターである。結びの挨拶もなく，定型の結び（"I am, Sir, / Your ...

servant,") で終えている (「/」は改行)。

次は 18 世紀半ば過ぎの例である。

3) 　レター例 (3)[11]

> James Berville. 　　　　　　　　　　　　　　　　　　　21 Septr. 1768.
> 　As soon as your favor of the 21 May came to hand we replied thereto under date of 25 July, but for want of an Opportunity have deferred sending it till now.
> 　This acknowledges the Receipt of your Letter of 28th July (with the enclosed from Mr. Doct) whereby …
> (用件)
> …, for the security of Mr. Doct's Person and our Effects, and therefore do not see the unity of writing to the Governor on that Subject.
> 　Mr. Doct likewise informs us that the Peace is near, tho' not quite concluded, wherefore we hope and have the better ground to expect a good issue to our Undertaking.
> 　Wishing you health and Prosperity
> 　　　　　　　　　　　　　　　　We remain truly Yrs.
> Per Shelbourne Captn. Clark.
> Per Worge Captn. Patterson.

　本状では、冒頭で、相手からの 2 通のレターに言及している。やや言い訳ぎみに、最初のレター ("your favor of the 21 May") に対して返事を書いた ("we replied … 25 July") が、発送されず、二番目のレター ("your Letter of 28th July") に対する返信である旨明らかにし、用件を事項ごとにわかりやすく説明している。結びは、定型の "ING" 形 ("Wishing you …") で終えている。本状では、発信者名が左側に配置されていることから、16 世紀のマニュアルの教えに従うと、本状は下位者宛てのレターとなる。そのため、冒頭の敬称が省略された名前だけの呼びかけ ("James Berville.")、さらに末尾は、定型の簡潔な結び ["We remain … Yrs. (Yours.)"] となっているのも理解できる。

次は 18 世紀後半のレター例である。

4)　レター例（4）[12]

Mess Willing Morris & C°

Gentlemen　　　　　　　　　　　　　　　　　　Bristol 17 Jany 1775

　I have your favors 3 Oct & 25 Novr since I had the pleasure of writing you the 28 Dec^r.

　Wheat is now fixed at 7 / pr Bushel & if any alteration it will be for the better. ...

（用件）

... The Ministry have acted a weak & a wicked part in their political System towards America which will be remembered long by this & heavily felt by both Countries. In any thing that occurs I shall write you for I truly am

　　　　　　　　　　　　　Gentlemen

　　　　　　　　　　Your obliged & most obed^t Servt

　　　　　　　　　　　　　Rich Champion

本状では，複数形の冒頭敬辞［"Mess（Messrs.）Willing Morris & C°"］が採用されている。本文では，最初に，受取レター（"I have your favors ..."）に言及し，以下，用件が長々と説明されている。また末尾は，定型の結び（「再度連絡する」；"I shall write you ..."）とやや仰々しい結尾語［"Your ... & ... Servt（Servant）"］で終えている。

以下も同じような例である。

5)　レター例（5）[13]

　　　　　　　　　　　　　　　　　　　　　　Soho 22 May 1782.

Gentlemen

　We have the pleasure to advise you that we sent per Swains Wagon the 14th inst.

第 3 章　18 世紀の英文ビジネスレターの特徴　133

> your Copper Eduction pipe of which you have an invoice above of the cost. The small pipes are enclosed in the large ones and hope all will arrive safe. The Nossells are in forwardness and as near as we can guess will be finished by this day fortnight. ...
>
> 　In consequence of your favr. of the 6th Inst. we have herewith sent you another draught of an article of agreement ...
> 　（用件）
> 　... When any of you Gentn come into this neighbourhood we shall have much pleasure in Showing you Models of a Coal Gin, and Iron Forge & Rolling Mills & other Mills to be worked by Steam. Remaining always with much esteem, Gentlemen.

　本状もわかりやすく書かれた例である。ここでも，複数形の冒頭敬辞（"Gentlemen"）が採用されている。本文では，感情的（「喜び」）通知表現 ["We have the pleasure to advise you (that) ..."] に続き，用件を順に説明している。末尾は"ING"形（"Remaining ..."）で終えている。
　以下は，綿製品の取引に関するやや専門的な内容の例である。

6）　レター例（6）[14]

> *To Mr Petey Heatley, Whittle-le-Woods, Lancashire*
> Sir
> 　I am favoured with your's of the 10th inst, covering your Dft. on Messrs Rawlinson & Hancock for Three for three hundred and fourteen pounds 8/- which balances your account.
> 　The twist you order shall be all or a part sent the next week excepting the 20 to 22's, which we are not making at this time. ...
> 　（用件）
> 　If Mr Simpson can not supply you with the sorts you want, and you wish to have some done in the common method, on your noticing it, it shall be done as speedily

> as possible.
>
> I am still of opinion good twist is better for what we do to it, and if I send you any fine I would recommend you to have some of the O.
>
> I am
> Dr. Sr.
> Your very h'ble Sevt.
> Fichd. Arkwright
>
> Bakewell
> 15 Feby. 1787.

　本状では，冒頭の呼びかけ（"*To Mr Petey Heatley,*"）後，受取レター（"I am favoured with your's ..."）に言及し，用件の説明がなされている。最後に当該品目の提供の用意があることと，品質の良さを強調し，定型の結び［"I am / Dr. (Dear) Sr. (Sir) / Your ... Servt. (Servant.)"］で終えている（「/」は改行）。

　次は 18 世紀末の例である。

7) 　レター例 (7)[15]

> Liverpool, 6th Sept., 1796.
>
> Mr. William Heaton, Cotton Merchant,
>   Blackburn,
>
>   Sir, – In the course of this week about 700 bags of cotton have been sold here, consisting of Pernams at 20d. to 25d.; Maranhams, fair, 22 1/4 d.; Surinams, 22 1/2 d.; Grenadas at 23d. Buyers – John Walker, Peter Fletcher, Burns, Selves, and Tattersall. ...
>
> （用件）
>
> ... I am of opinion that cotton will not be lower this year. Today Maranham cannot be purchased under 23d.: not above 300 bags good in the market; no good Pernams at all.
>
> I am, for Richard Dobson and Co.,

> Your obedient servant,
> 　　　　　　　　　C. Mawson.

　本状では, 冒頭敬辞 ("Sir,") の後, 単刀直入に用件が伝えられている。冒頭の挨拶も結びの挨拶もない。末尾は, 定型の結尾語 ("I am, ... / Your ... servant,") で終えている (「/」は改行)。

　次も同様の例である。

8)　レター例 (8)[16]

> 　　　　　　　　　　　　　Settle [? = Quaker fashion 3 month] 6th 1797,
> Respected Friend
> 　　　　　　In answer to thy favour of 3rd instant, received this morning, the money thou mentions shall be ready at the time mentioned, but 'tis desirable to us to know in what way ...
> （用件）
> ... and it requires a few days' notice to procure them from London. If therefore thou can give any further intelligence on this head, a line will oblige.
> 　　　　　　　　　　　　　　　　Thy assured Friends
> 　　　　　　　　　　　　　　　　　　　Birkbecks, Alock and Co.
> P. S. Not having heard lately from S. P. Starkie, Esq. before thy letter, we were proposing to send him the last year's Interest, but suppose it will do when the money above mentioned is paid.

　本状では, 冒頭敬辞 ("Respected Friend") の後, 受取レターの返信 ("In answer to thy favour ...") であることを明らかにした後, 用件が簡潔に述べられている。発信者名のない会社からのレターということで, 結尾語は "Thy ... Friends" で終えている。さらに追伸 ("P. S.") が活用されている。

(2) 特　徴

　これまでの検討からわかるように，18世紀の商人レターでは，モデルレターと同様，冒頭敬辞が採用されている。また，冒頭の挨拶は消え，その代わりに本文の書き出しで受取レターに言及する方法が取られている。その表現（下線部）も，

　　"<u>yours</u> of the 11th September last,"（1）
　　"<u>your</u> last,"（2）
　　"<u>your Letter</u> of 28th July"（3）
　　"<u>your's</u> of the 10th inst,"（6）

など，これまでのレター代名詞（"yours" "your letter"）だけでなく，

　　"your <u>favor</u> of the 21 May"（3）
　　"your <u>favors</u> 3 Oct & 25 Nov^r"（4）
　　"your <u>favr.</u> of the 6th Inst."（5）
　　"thy <u>favour</u> of 3rd instant,"（8）

など，"favour" も用いられている。モデルレターと同じ傾向が見られる。

　なぜ，18世紀にレター代名詞として "(your) favour" 表現が使用されるようになったのであろうか。おそらく，本来の表現 "your letter" が "yours" へと略されたのと同じように，「相手からの好ましい内容の手紙」を意味する "your favoured letter" 表現が，"(your) favour" と略されるようになったのであろう。本来は，

　　"I am favoured with yours of the 11th September last,"（1）
　　"I am favoured with your's of the 10th inst,"（6）

のように，レター受取の感謝表現として用いられていた。

　例えば，ある業者間の工事（エンジンの据付）に関する通信例（1781-82年）を参考にすると[17]，レター発信者は（「/」は改行），

　　"Sir, / We are favoured with yours of 15th Instant, requesting ..."

"Gentn. / We were favd. with your's of the 22d. Inst. in Course."

"We are favd. with your's of the 7th Inst. inclosing …"

など，冒頭でレター受取に言及・感謝している。それが徐々に，「レター受取の確認」の丁寧な形として変化していったものと思われる。例えば（「/」は改行），

"We ought sooner to have acknowledged your favour of the 29th ultimo but …"

"Gentlemen, / We received your favour of the 12th Inst. in due Course; …"

"Sir, / I wrote you a short answer in Course to your favour of the 2d Inst. …"

など，レターの代名詞表現 "(your) favour" へと変化している。

このように，レター代名詞として "(your) favour" の採用は，本来の感謝表現，

"we are favoured with your letter …"

から，

"we acknowledge (or received) your favoured letter …"

へ，そして，

"we acknowledge (or received) your favour …"

へと変形，あるいは略され，使用されるようになった結果と思われる。

また，本文での用件説明に際しても，単なる通知表現だけでなく，率直な感情（「喜び」）を示した表現，

"We have the pleasure to advise you (that) …" (5)

が使用されている。

末尾では，種々の終わり方が見られた。結びの挨拶もない，最も簡潔な終わりのレター例〔(2) (6) (7)〕を除くと，用件説明の終了（「以上」）の例，

"This is all that offers at present from," (1)

または，次回の連絡に言及して終えた例，

"In any thing that occurs I shall write you for I truly am" (4)

"If therefore thou can give any further intelligence on this head, a line will oblige." (8)

さらに，"ING"形の活用例，
 "Wishing you health and Prosperity"（3）
 "Remaining always with much esteem,"（5）
などが見られた。

このように，商人レターでは，末尾の結びの挨拶が依然として活用されており，モデルレターほど簡潔ではなかった。前述したように，末尾の挨拶なしに終える方法は，まだ商人には抵抗があったのかもしれない。

5. まとめ―18世紀の特徴―

商用（ビジネス）レターの書き方に関して，18世紀のマニュアルには特に目新しい教えはない。その指示は，「商人のレターは明瞭，簡潔，適切でなければならない」（I），「正しい商用文を書く時には，正確さ，明快さ，わかりやすさ，簡潔さの4点に気をつけ……」（IV）など，従来のマニュアルの教えの繰り返しにすぎない。

ただ，比較的新しい視点からの書き方も指摘されている。例えば，「レタースタイルは会話の場合と同じように……」（I），「レターを書くことは人前で話すことと同じ……」（III）など，話すように書くことが教えられている。そのため，全般的なレター表現に関して，仰々しい表現を抑えたやさしい単語が使用されている。モデルレターや商人レターを見てみると，用件が簡潔に述べられており，内容も理解しやすい。

冒頭敬辞は，レター書式を整えるために，当然のように採用されている。そして，冒頭の挨拶は，前世紀と同様不要とされており，受発信レターに言及する方法が一般的となっている。そのレターの言い表し方（代名詞表現）も，従来の代名詞"yours"に加えて，18世紀では"(your) favour"形が散見された。

また，末尾に関しては，モデルレターでは，結びの挨拶の採用が極端に少な

くなっているが，商人レターでは，依然として末尾の結びの挨拶の活用の割合は高く，18世紀のレターには，結びの挨拶は必要ないとは断定できない。そして，結尾語も常に採用されている。

　このように，当時は，レター書式の基本形式として，冒頭敬辞で始まり，用件を説明し，最後は，（時には結びの挨拶），結尾語・署名で終わる書き方が定着していたようである。

　以上のように，18世紀のレターは，前世紀の書き方，スタイルなどの特徴を継続しているように思われる。ただ，その変化は非常に緩やかであるが，現代風の書き方に近い「相手本位の書き方」も見られる。例えば，クレームレターの場合，相手をなるべく傷つけないように工夫した書き方が求められている。また，支払いの請求に際しでも，段階的な処理・解決方法が求められている。このような書き方は，現代でも参考にできる。

（注）
1) 今井宏編『イギリス史2―近世―』山川出版社，1990年，378ページ。
2) 同上，387ページ。
3) 同上，388ページ。
4) 同上，397-398ページ。
5) ブリュウノ・ブラセル（荒俣宏監，木村恵一訳）『本の歴史』創元社，1999年，121ページ。
6) Thomas Cooke, *The Universal Letter-Writer, or New Art of Polite Correspondence*, 1771?, Preface.
7) 本章で参考にしたマニュアルは下記の通りである。なお，本章における下記マニュアルからの引用の場合は，マニュアル番号（I. II. ……）を活用・表記する。
　　I. Martin Clare, *Youth's Introduction to Trade and Business*, 1769.
　　II. Samuel Richardson, *Letters Written To and For Particular Friends, On the most Important Occasions*, 1746.
　　III. Thomas Cooke, *The Universal Letter-Writer, or New Art of Polite Correspondence*, 1771?.
　　IV. Charles Wiseman, *Epistolae Commerciales, or Commercial Letters, in Five Languages, viz. Italian, English, French, Spanish, and Portuguese*,

1779.
8) 今井, 前掲書, 378-379 ページ。
9) Saxe Bannister (ed.), *The writings of William Paterson, founder of The Bank of England*, Second Edition, 1859, Vol. III, London: Judd & Glass, 1859, Reprinted 1968 by Augustus M. Kelly Publishers, New York, p.267.
10) Gladys Scott Thompson, *The Russells in Bloomsbury 1669-1771*, Jonathan Cape, London, 1940, pp.306-307.
11) T. S. Ashton (ed.), *Letters of A West African Trader, Edward Grace 1767-70*, Council for the Preservation of Business Archives, 1950, p.26.
12) G. H. Guttridge (ed.), *The American Correspondence of A Bristol Merchant 1766-1776 Letters of Richard Champion*, Kraus Reprint Co., Millwood, New York, 1974, pp.39-40.
13) George Chandler, *Four Centuries of Banking*, Volume II, London, B. T. Batsford Ltd., 1968, pp.73-74.
14) R. S. Fitton and A. P. Wadsworth, *The Strutts and The Arkwrights 1758-1830, A Study of The Early Factory System*, Manchester University Press, 1958, pp.337-338.
15) Thomas Ellison, *The Cotton Trade of Great Britain*, Frank Cass & Co., Ltd., 1968, p.179.
16) Chandler, *op. cit.*, p.163.
17) A. H. John (ed.), *The Walker Family Iron Founders and Lead Manufacturers 1741-1893*, Council for the Preservation of Business Archives, 1951, pp.56-76.

第4章　19世紀の英文ビジネスレターの特徴

　19世紀の英国国民の教育水準は非常に高く，多くの人々が文化的な社会生活を享受していたと思われる。このような知的水準の高い社会において，果たしてマニュアルの存在価値はあったのだろうか。レターの書き方を学びたいと希望していた若者（初心者）は，その技術の習得のために，学校で学んでいたのか，あるいは個人的にマニュアルを活用していたのであろうか。
　例えば，商人の予備軍ともいうべき若者に対する当時の教育について，
　　「（英国は商業大国であるにもかかわらず）商業に従事したい若者に対する
　　入門教育が無視されているのは，異常なことである」(I.：p.vii)
と，現状を憂い，
　　「我々は，商業的に秀でた国民であり，英国が，世界で第一位の商業国家
　　として位置づけられていることを考えると，この国で『商業教育』が極端
　　に無視されているのは，驚くべきことである」(V.：p.vii)
など，マニュアルの著者は嘆いている。残念ながら，当時の若者を対象とした専門教育，特に商業・貿易に関する教育は，英国ではそれほど重要視されていなかった。そのため，当時の実学教育の貧困さを補うべく教材，マニュアルの必要性は高いものと予想される。
　しかしながら，当時，店頭に並んでいたマニュアルの内容は，読者にとって必ずしも満足のいくものではなかった。当時のマニュアルについて，著者の一人，アンダーソン（William Anderson）は，
　　「（今までのマニュアルは）構成や内容の点で不完全であり，今のように
　　日々進歩している時代には，スタイルの点でも不適切である。しかも，ビ
　　ジネスに全く無知な若者にとって，内容の解説も不十分で，わかりにく
　　い」(I.：p.viii)

と，マニュアルの欠点を指摘し，その理由として，

 ① 現実に即した資料の入手が困難なこと
 ② マニュアルに必要な内容についての認識が不足していること

など (I.：p.viii) を挙げている。

さらに，臨場感あふれる生の情報入手の難しさに関して，

「商人は一般的に，自分たちの通信文が公にされることを嫌う。ただ，教材（教育用）として使用される限り，その公表を許す。その場合でも，古いレターやありきたりの問題のものに限定する。それは，通信の内容があまりにも私的なもの（企業の内部事情に深く関与した問題）や，当該取引特有の微妙な扱いが求められる問題のために（このような内容こそ価値あるものであるが），いかに上手に（隠蔽の）工夫がなされても，（情報源が）容易に推測されることを恐れるからである」(I.：pp.viii-ix)

と，商取引の秘密・重要事項が公になることを恐れる現場の商人の傾向（閉鎖性）を指摘している。

このような不満足な現状を正すために，アンダーソンは，

 ① 多くの資料の中から，見本として最もふさわしいレターを厳選したこと
 ② ビジネス共通の一般的な事例を示すために，わかりやすい取引を厳選したこと
 ③ 同時に，通常業務の単調さや無味乾燥さを避けるために，様々な変化を持たせたこと

など (I.：p.ix)，自著マニュアル，*Practical Mercantile Correspondence* の特徴を明らかにしている。また，当時のマニュアル上では，

「（最新かつ真の商用レター集は）商人を目指す若者と，商業教育に従事している教師から求められているはずだ」(I.：p.vii)

と，その必要性が，さらに，

「商用レターの，より実態に即した見本を提供するために，大量の通信文の中から，種々の真正レターを選んだ……少なくとも現実の取引の場における問題の解決に役立つはずである」(IV.：p.iii)

と，実用性が強調されている。加えて，基本となる教えの重要性に関して，
「(これらのマニュアルは，)商業・ビジネスについて全く無知の人々，あるいは，ほんの初歩的な問題についての詳細な説明を必要とする人々の使用のために主に意図されている」(V.：p.x)
など，主に初心者(若者)向けのマニュアルの需要は高かった，と予想される。

　上記のような状況下にある 19 世紀の商用通信文の特徴，傾向はどのようなものか。以下，19 世紀のマニュアルを中心に検討する[1]。
　　I.　William Anderson, *Practical Mercantile Correspondence* (1836-1897)
　　II.　R. C. Austin, *The Commercial Letter Writer* (1841)
　　III.　T. S. Williams and P. L. Simmonds, *English Commercial Correspondence* (1864)
　　IV.　P. L. Simmonds, *The Commercial Letter Writer* (1866-1873)
　　V.　Frederick Hooper and James Graham, *The Beginner's Guide to OFFICE WORK* (1898)

1.　通信文(レター)について

　19 世紀の英国では，
「ビジネス通信は，郵便制度の改善・充実，商取引の急増やそれに伴う内外輸送の拡大により急激に増えている」(III.：序文)
といわれているように，商業の発展，通信設備の拡充と，それに伴う商取引のスピード化のために，ロンドンを初めとする大工業都市や貿易港における当時のビジネス通信は様変わりしている (IV.：p.iii)。その主な理由として，
「英国は，欧州諸国だけでなくアフリカ，北・南米，オーストラリア，インド，中国，極東など，世界中の国々と取引しているからである」(III.：序文)

の指摘通り，英国の商人は当時，世界の業者を相手にしていたため，取引に関する通信は急増した。その取引を円滑に動かしている主な通信手段は依然レターであった。したがって，商人にとって，

「（商取引に従事している人にとって）最も望ましい資格の1つは，良いレターを書く能力である」(V.：p.55)

「商用レターの書き方は，（商取引上の）有用性と重要性の点から，習得すべき技術である」(Ⅲ.：序文)

など，業務遂行のための基本的な技術，レターの書き方の習得が求められていた。したがって，商人・ビジネスマンは，

「（事務担当者，ビジネスマンとして）適切かつ迅速なレターの作成方法を習得するために学ばなければならない」(Ⅰ.：p.xix)

のである。

しかし，現実の商取引・ビジネスの現場では，

「レターを書くことは見掛けほど簡単ではなく，おそらく何十人ものスタッフのうち誰も満足にビジネスレターを書けないのでは……といわれるほど，商人の書く能力は低かった」(Ⅲ.：序文)

ようである。

この商用（ビジネス）レターを難しくしているものは何なのか。

一般に，レターは私的なもの，公的なものに二分される。そして，その書き方，表現に関して，

「私的レターは，相手に話しているように会話体で書き，公的レターは，より形式を尊重した硬い表現が用いられる」(V.：p.58)

と，教えられている。この分類からすると，商用（ビジネス）レターはやはり，公的なレターの一種と見なさざるを得ない。それ故に，商用（ビジネス）レターは，

「私的なものよりも硬く，公的な色彩が強い。それは，①定型表現や語句が多用される，②同じ語句の繰り返しが頻繁に起きる」(Ⅲ.：序文)

と，考えられている。やはり，商用（ビジネス）レターは公的な硬いイメージ

が先行し，ビジネス特有の定型表現も，専門家でない人（初心者）にとっては難解に見えるのだろう。

一方，
> 「商用レターは今や，一定期日を要する定期的な外国郵便によって取引がなされる外国の企業との場合を除き，迅速性が求められている。実際，注文や情報伝達などの取引の通信はほとんど，2，3行のメモによって行われたり，会社名，住所など印刷された所定の書類・伝票に（必要事項を）記入することで十分である。それ故に，堅苦しい，格式ばったビジネスレターは全く時代遅れである」(Ⅳ.：p.iii)

と，複雑でない（単純な）商取引・ビジネスの通信は，特定の書式・文書の空欄への記入だけで簡単に済むという指摘もある。本来，迅速性が求められる商用（ビジネス）レターは難しいものではなく，誰にでも容易に書けなければならない。つまり，
> 「商用レターでは，『時は金なり』を念頭に，すべての用件を網羅し，単刀直入に，簡潔かつ礼儀正しいスタイルが望ましい」(Ⅴ.：p.58)

のである。

このような望ましいビジネスレターを書くには，どうすればよいのだろうか。

2．通信文（レター）の書き方について

（1）ビジネスレターの書き方

商取引・ビジネスのためのレタースタイルは，本来，
> 「整然，明快，ならびに簡潔であり……冗漫な言葉遣いは，レターの筆者にも読者にとっても時間の無駄である」(Ⅰ.：p.xv)

と，従来と同じ簡潔さが強調されている。

商人・ビジネスマンは，望ましいレターを書くために，
- ① 返信の場合は，相手の質問に1つずつ順に答えること
- ② 命令や指示の場合には，誤解や論争を避けるために，はっきりと明確に伝えること
- ③ 取引の過去の事情や経緯を示す参考資料として，あるいは訴訟の際の証拠として利用できるように，レターブックを作成すること

など（I.：pp.xv-xvi），将来のトラブルを避けることを心がけなければならない。より具体的には，
- ① 追伸はできるだけ避ける。
- ② 文章は短く，用件は明確にする。
- ③ 宛先は最初のページの上部，左隅に書く。
- ④ 結尾語は"yours faithfully""yours very truly""yours sincerely""yours respectfully"など，相手によって使い分ける。
- ⑤ 取り上げる問題の順番に配慮し，読みやすさを心がける。また，将来の誤解の原因や訴訟まで発展しないように，語句の用法に気をつけ，詳細かつ正確な説明をする。

など（III.：序文），細かい点まで注意して書く必要がある。

　上記の教えのうちで特に注目される点は，①と⑤の項目への言及である。これまでのマニュアルでは説明されていない新しい指摘である。まず，①「追伸」に関して，17，18世紀の商人レターでは，追伸は頻繁に用いられていた。発信者が用件を述べた後，あえて自分の意図を再確認するために，あるいは追加的な新しい出来事・情報を提供するために，積極的に活用していたようである。商人たちは，追伸が効果的なメッセージ伝達の1つの方法であると認識していたのかもしれない。

　しかしながら，このような効果的と思われた書き方をここでは否定している。もちろん前世紀までのマニュアルには，追伸活用のメリット，デメリットについての解説はなく，ここに初めて「追伸は避けるべき」と，商用（ビジネス）レターでの使用を制限している。おそらく，レターを出すことが従来より

もはるかに頻繁かつ容易になったためであろう。

　また，⑤「正確な記載」を心がけることについては，19世紀になると一段と強調されるようになった。商取引・ビジネスが広範囲にわたり，複雑になるにつれ，様々なトラブルが発生するようになったためと思われる。例えば，

> 「商用（ビジネス）レターの作成で最も重要なことは，その内容が日常の出来事，日付，価格であれ，絶対に正確でなければならない。商取引では，問題が発生した場合，書かれたものが決定的な証拠と見なされ，裁判では，口頭による合意よりも記録が優先する。そのため，注意すべきことは，記載内容の曖昧さや意味の二義性を取り除かなければならない」(V.：p.55)

と，正確な記述が求められ，さらに，

> 「通信文は，商取引や契約上の完全な記録になるので，たとえ口頭で結ばれた売買取引や契約でも，必ず書面で確認しなければならない。その理由は，①取引条件に関して誤解を避ける，②契約書に法的拘束力を与える，ためである。同様に，日常業務で交信されたレターは，取引の唯一の記録となるので，担当者は，すべてのレターや書類のコピーと保管の重要性を認識しなければならない」(V.：p.55)

と，保管（コピー）の重要性も指摘されている。したがって，レターは，

> 「文法的に正しく，読みやすく書かれなければならない。スペルの間違い，句読点の誤り，不完全な構文など，初歩的な誤りは避けなければならない」(V.：p.57)

のである。まして，

> 「重要書類の署名を忘れたり，宛先を間違えることなどは致命的な誤りとなり，レター用紙の折り方，住所を書く位置などについての知識も無視できない」(I.：p.xviii)

など，基本的な間違いはあってはならない。

　このように，商人・ビジネスマンは，正確を期した書き方を心がけなければならない。例えば，

"We are in receipt of your letter of yesterday, and thank you for the order contained therein. Our efforts to place this order have been attended with great difficulty, and we trust that in future you will either give us better limits, or a longer time for delivery."

と書かれたレター文は，表現が曖昧で，主題ともいうべき「注文の履行」が明確になっていない（V.：p.56）。再度，確認の問合わせが必要となる。

　また，あまりにも簡潔すぎるのもよくない。例えば，

"Thanks for yours of y'day. Order receiving best attention."

は，電報用の表現としては望ましいが，レター文としてはふさわしくない。むしろやや長い下記の文章，

"We are obliged (or We thank you) for your letter of yesterday. The order contained therein is receiving our best attention, and we hope to advise execution in a day or two."

の方がより丁寧で，レター文としては望ましい（V.：p.57）。

　要するに，

「良いビジネスレターは，単に正しいスペルで正確に書くだけでなく，迅速かつ状況に応じたスタイルの選択，言語上の明快さ，ビジネス全般の広い知識が求められる」（II.：序文）

のである。

　このような能力を持った人の資格，あるいは役割，待遇はどのようなものであったのだろうか。

(2)　事務担当者の役割

　事務担当者（秘書，書記などを含む）の主な仕事は，

「（ビジネスマンとして望ましい資格の1つは）良いレターを書けることである。文法の基礎学力，作文の基本原則についての知識，ビジネスの専門知識と状況に応じた書き方を熟知していることが必要となる。したがって，ビジネスマンにとって，レターを書くことは，その人のデスクワークの

中でも最重要課題の1つであり，あらゆる業務の基本でもある」(V.：p.55)
と説明してあるように，状況に適した正しいレターを書くことである。ただ，実際の業務では，

「(レター作成を) 筆者個人の判断に委ねられることは非常にまれである。通常，上司の口頭指示に基づき，彼の意図を斟酌，反映させた内容のものを書かなければならない」(Ⅲ.：序文)

とされている。ほとんどの企業では，

「経営者は，より重要なビジネス上の問題に忙殺され，時間的余裕はない。自らペンを取ることは少なく，担当者に任せる」(Ⅲ.：序文)

ことが普通である。もちろんこれらの業務は，経験豊富な責任者に任せられるのが一般的であるが，多忙な時には，

「若い担当者もしばしば，先輩の原稿を清書したり，その原稿を基に完全なレターに仕上げることが求められる」(V.：p.56)

こともある。

このように，レターの作成を主な職務とする事務担当者の役割は極めて重要で，当然，彼らは，上司の期待通りの正確なレターの作成が求められる。より良いレターを書くために，彼らは，

① レターの保管に関して，

「受け取ったレターを保管するために，レター用紙をきれいに折り，その裏にレター差出人の名前と日付，受取日を明記し，返信日の記入欄を設ける」

② レターブックの作成に関して，

「同一の名宛人ごとにコピーをまとめ，最初と最後のものに番号を付す」

③ 返信を書く時の注意に関して，

「若い担当者は，実際のレターを書く前に，主人の指示を十分に理解するべきであり，不明な点は問いただし，口頭による指示の場合は常にメモをとる」

④ 同封物の確認に関して，

「同封物の挿入漏れを防ぐために，一枚目のレターの片隅に同封すべき書類の種類を記し，最後に所定の書類の封入を確認する」

など（I.：pp.xvi-xvii），細心の注意を払うことが求められている。

ただ，若い担当者も，当初は，下積み生活を強いられる。例えば，

「（たとえ能力があっても，上位の地位は若者には与えられない。）彼は，組織の一番下のランクか，それに近い下のランクから始めなければならない。しかし，彼の業務上の知識が増えれば増えるほど，昇進のチャンスは大きくなり，彼はすぐに上位の地位につくであろう」（V.：p.xi）

ことが予想される。そして，

「彼が，ビジネス上の諸問題を堅実，的確，完全に処理するたびに，彼の仕事に対する評価は高まり，上司の信用も増す」（I.：p.xviii）

など，確実に業務をこなすことによって，将来，

「経験が豊富で，処理能力の高い事務担当者は（もちろん性格や嗜好は問題ないと想定して），常に望ましい地位と高い給料が確保される」（III.：序文）

と，彼らの輝かしい未来が約束されていたようである。

(3) 具体的な指示

今までの考え方を元に，レターの構成と書き方について，下記のような詳細な説明がなされている（V.：pp.58-64）。

1) レターヘッド：レターの発信者名や住所が最初のページの右側上部隅に示される。公的なものや商用レターの場合は，社名，住所などが通常印刷されている。

2) 日付：レターの日付は，レターヘッドのすぐ下に書かれる。しばしば都市名と同じ行に書かれる。

3) 書中宛名：レターの相手方の名前と住所が，私的レターの場合はレターの最後に，公的なレターの場合は最初のページの下方に，商

用レターの場合は最初に書かれる。ここでは，受信者への配慮が必要で，個人宛ての場合は "Mr." "Esq." "Rev." "Major" "Col." など，会社宛ての場合は "Messrs." "Mesdames" など，所定の敬称を使用する。例えば，

  個人宛て："Mr. John Jones"　　　"John Jones, Esq."
  会社宛て："Messrs. John Jones & Co."
      "Messrs. John Jones & Co., Limited"

などである。

4) 書き出し（冒頭敬辞）：レターヘッドと日付のすぐ下の左隅に，レターの始まりとなる挨拶がくる。私的レターの場合は，

  "Dear Sir"　　"Dear Mr. Brown"　　"Dear Brown"

など，発信者と受信者の親密度によって異なる。個人宛ての場合は，

  "Sir"　　"Dear Sir"　　"Madam"　　"Dear Madam"

など，公的レターの場合は常に，

  "Sir"　　"My Lord"

企業宛ての商用レターの場合は，

  "Gentlemen"　　"Dear Sirs"

となる。銀行宛て（通常 "the manager" 宛て）の場合は，

  "Dear Sir"　　"Sir"

となる。

5) 本文：挨拶の一行下，少し右の方からレターの本文が始まる。最初の語は，挨拶の最終文字の下に置かれる。例えば，

  "We had this pleasure last on the 26th ult."
  "Confirming our respects of the 26th ult."
  "In reply to your letter of yesterday"
  "With reference to your letter of …"
  "Agreeably to the request contained in your letter of yesterday"

など，冒頭で，直近の受発信レターに言及することが望ましい。

6) 末尾：レターの終わりは1つのまとまりを構成し、それぞれの行は少しずつやや右側に置かれる。私的レターの場合は、受信者、発信者の親密度によって書き方が決まる。公的レターの場合は、

"I am, Sir, your obedient Servant,"

"I have the honour to be, My Lord, your Lordship's most obedient humble Servant,"

となる。商用レターの場合は通常、

"I am, Dear Sir, Yours faithfully,"

"We are, Dear Sirs, Yours truly,"

などとなる。

7) 署名：規則では、出資者（パートナー）が会社を代表して署名するが、署名者が不在の時には、委任状を持った代理人が"per pro"と明記し、署名する。例えば（「/」は改行）、

   a) 出資者の場合：

   Brown Watson & Co.

   b) 正式の委任者の場合：

   per pro. Brown Watson & Co. / J. Williams

   c) 委任されていない担当者の場合：

   for Brown Watson & Co. / W. Jones

など、参考になる。

8) 参照番号：レターの参照番号は、レター用紙の左側上部隅あたりに書かれる。相手が返事を書く際にその番号を引用することによって、レター内容の確認がより容易になる。

9) レター番号：レターが定期的に特定の相手に出される場合、各レターには、連続的に番号をつけることが望ましい。その連続した番号によって、相手は、レターが確実に届いているか確認できるからである。

10) レター形式：典型的な商用レターとして、

> 54, Beech Road,
> Manchester, 5th July, 1897.
>
> Messrs. Booker, Son, & Co.
> Nottingham.
> Dear Sirs,
>
> A friend of ours in Italy asks us about the standing of Mr. Niente, of Nottingham, but gives us no address beyond this, and no initial. May we ask you to kindly give us any information you can about him. He is supposed to be an agent in the lace trade.
>
> Thanking you in anticipation,
>
> We are, Dear Sirs,
>
> Yours faithfully,
>
> A. LISTER & CO.

と，用件のみ簡潔に伝えている信用調査依頼の例が示されている。

上記の教えは，現代でもそのまま通用する。レターに関する理論的な説明・解説は，当時，ほぼ確立していたように思われる。

3. モデルレター

ここでは，マニュアル（V.：p.55）で強調されている「（商取引では，）……書かれたものが決定的な証拠……（裁判では，）口頭による合意よりも記録が優先する」ことから，「記載内容の曖昧さや意味の二義性を取り除かなければならない」の教えに従った，将来の誤解の原因や訴訟に至らないような詳細かつ正確な記述を重視した書き方に注目する〔冒頭（書き出し）と末尾（結びの挨拶）のみ引用する〕。

(1) レター例

以下は，信用状発行手続き依頼の例である。

1) レター例（1）（I.：pp.60-61）

> James Box, Esq., *London*.　　　　　　　　　　London, 11th August 18—.
>
> Sir, – In pursuance of our arrangement, I shall proceed to Paris tomorrow, and from thence to Havre, to embark for Fayal in the Nancy, Captain W. Richards; in which vessel our friends, Lafitte & Co., of Rouen, have shipped goods for my account to the amount of £650 (say six hundred and fifty pounds sterling). ...
>
> （用件）
>
> ... , as well as on all transactions wherein your correspondence effects sales, &c.
>
> 　In the hope that this commencement may lead to more extensive transactions, I remain, most truly, Sir, your obedient servant,
>
> 　　　　　　　　　　　　　　　　　　　　　　　　　　　　　　　J. G. Sommers.

　本状では，信用状の正確な金額表示［"£650 (say six hundred and fifty pounds sterling)"］がなされ，後日のトラブルの発生を防いでいる。レター形式にも一定の規則に従った単数扱いの冒頭敬辞（"Sir,"）の使用，文法的に正しい末尾表現（"I remain, ... , Sir, your ... servant,"）の使用など，正確な記載を心がけている。

　次は，手形の引受に関する問合せ状である。

2) レター例（2）（I.：p.65）

> 　　　　　　　　　　　　　　　　　　　　　　　　　　　London, 8th October 18—.
>
> J. G. Sommers, Esq., Havre.
>
> 　Sir, – Confirming my respects of the 2nd inst., I am now under the disagreeable necessity of informing you that a bill has been presented for acceptance, which

> appears to have been drawn by you on the 2nd ult. For £700 at three months' date, to the order of *De Rue & Co.* (without the *la*). ...
> (用件)
> ... I always considered you a man of business; but these irregularities will shake my confidence in you, which has hitherto been unlimited. Awaiting your immediate explanation, I remain, Sir, your obedient servant,
>
> James Box.

本状では，冒頭から用件を具体的に説明している。形式上は，担当者（"J. G. Sommers, Esq.,"）宛てにふさわしい単数形の冒頭敬辞（"Sir,"）の使用，定型の末尾"ING"形（"Awaiting ... , I remain, Sir, your ... servant,"）など，規則に従った書き方が採用されている。

以下は，上記に対する返事である。

3) レター例 (3) (I.：p.65)

> James Box, Esq., *London*　　　　　　　　　　　　Paris, 11th October 18—.
> 　Sir, – The bill of exchange for £700 to which you allude in your favour of the 8th inst. was drawn by the gentleman who brought us your letter of credit for that amount; and the signature, "J. G. Sommers," is his – he having signed the draft in our office. ...
> (用件)
> We cannot account for Mr Sommers' neglect in regard to the advice of his draft, but presume that he will be able to explain his irregularity to your satisfaction. – We remain, Sir, your devoted and obedient servants,
>
> De La Rue & Co.

本状は，相手の非難に冷静に対応した例で，事実を簡潔に述べている。レター形式上，名宛人（"James Box, Esq.,"）に対応した単数扱いの冒頭敬辞

("Sir,") が採用されており，末尾も定型 ("We remain, Sir, your ... servants,") で終えている。

次は，商品購入依頼の例である。

4)　レター例（4）（II.：pp.13-14）

Sir,　　　　　　　　　　　　　　　　　Kingston, Jamaica, May 4th, 1840.

　　I hereby acknowledge the receipt of your letter of the 5th of March last, together with the net proceeds of my account of sales enclosed, which I have examined and found very satisfactory.

　　At your earliest convenience, have the goodness to purchase for me twenty hogsheads of white biscuit, and sixty barrels of beef; ...
（用件）

　　Trusting to your care in procuring the Beef properly salted, in consideration of the climate to which it is to be sent,

　　　　　　　　　　　　　　　　　　　　　I am Sir, your obedient Servant,

本状では，冒頭で，レターの受取（"I ... acknowledge the receipt of your letter ..."）に言及し，用件を述べている。その際，間違いのないように，正確な数量の文字表記（"twenty hogsheads" "sixty barrels"）がなされている。レター形式上，冒頭敬辞は単数形（"Sir,"），末尾は "ING" 形（"Trusting ..."）と定型の結び（"I am Sir, your ... Servant,"）で終えている。

以下の例は，船舶事故の知らせ（1838年10月9日）である。

5)　レター例（5）（II.：p.22）

Sir,

　　It is with much regret that I have to acquaint you, for the information of the underwriters at Lloyd's, that on Saturday morning last, 27th ult., as the brig Jane, of

> London, Connocher master, was getting over the bar, the wind failed, and in consequence, she went on shore on the Cabadillo rocks; ... Several boats immediately put off to render all assistance in their power; and I am happy to say, that ...
> （用件）
> ... but, it is much feared, she will go to pieces before the whole can be recovered.
> 　Time prevents me from adding anything further; my next advice shall contain every particular relative to this unfortunate occurrence.
> 　　　　　　　　　　　　　　　　　I am, Sir, your most obedient servant,

　本状は，冒頭敬辞の単数形（"Sir,"）で始まり，本文では，冒頭から "It is ... regret (that) ..." と，海難事故の第一報らしく，状況を要領よく伝えている。特に，緊急事態を示す表現 "Time prevents me from adding ..." により，現場の臨場感がよく伝わっている。

　以下は，注文の確認とそれに対する返事の往復書簡の例である。

6)　レター例（6）（Ⅲ.：p.134）

> 　　　　　　　　　　　　　　　　　　　　　Stettin, 16th February 1864.
> 　　Mr. Hermann Sillem, Marseilles.
> 　　　　　　Sir,
> We yesterday received a visit from Mr. Martineau your agent in this city, when we gave him the following order.
> 15 Bales of Corks, middle quality, long, pointed at. Frcs pr. Mille,
> 10　　〃　　　　〃　　...
> （用件）
> ... in case of a negative answer we may provide ourselves with the goods in Paris, where corks are offered us at the same prices.
> 　Awaiting your reply we remain respectfully yours
> 　　　　　　　　　　　　　　　　　　　　　　HAGENAU & CO.

本状は，前日の交渉（"We yesterday received a visit ..."）の結果を文書にて確認（「発注の確認」）したものである。冒頭敬辞は，担当者（"Mr. Herman Sillem,"）宛てのため単数形（"Sir,"）の使用となっている。末尾は定型の"ING"形（"Awaiting ... we remain ... yours"）で終えている。

次は，それに対する返事である。

7) レター例（7）（III.：p.135）

Maeseilles, 28th February 1864.

Messrs. Hagenau & Co., Stettin.

Gentlemen,

I have duly received yours of 16th inst. confirming the order given to my agent, Mr. Martineau, for 27 Bales of Corks, divers sorts, to be shipped either here or at Cette. This order has been duly noted for execution at the price and on the same terms specified, ...

（用件）

... I am negotiating with a Captain respecting the shipment of the goods, but have not yet received a positive answer on the subject. My next will acquaint you with the result of my proceedings, and in the meantime I remain

Your obedient servant

HERMANN SILLEM.

本状は，発注者から指示された注文の内容の確認のためのレターである。冒頭敬辞は，会社宛て（"Messrs. Hagenau & Co.,"）のため，複数扱い（"Gentlemen,"）となっている。本文では，冒頭に，受取レター（"I ... received yours of ..."）に言及し，用件を述べている。末尾も，定型の"I remain / Your ... servant"で終わっている（「/」は改行）。

次は，工事見積もりの依頼状である。

8) レター例（8）（Ⅳ.：p.31）

>   Strand.
> Messrs. Bodys & Reid.
> 　Gentlemen, – We have decided on dividing the work to be done into three distinct contracts, viz: –
> 　　1.　Putting up large steam boiler with …
> 　　2.　Replacing the stoves in shop with …
> 　　3.　Fitting up the boiler up-stairs with …
> Please send me, per return, a separate estimate for each job, and oblige
> 　　　　　　　　　　　　　　　　　　　Your obedient Servants,
> 　　　　　　　　　　　　　　　　　　　　Johnson & Co.

　本状では，工事が3つの契約から成立していることを箇条書きに示し，各々の見積の提出を要求している。また，会社宛て（"Messrs. Bodys & Reid."）のため，複数形の冒頭敬辞（"Gentlemen,"）が使用されている。末尾も "…（and）oblige / Your … Servants," と簡潔に終えている（「/」は改行）。

（2）　特　　徴

　19世紀のレターでは，相手がその内容を正しく判断，解釈できるように，確認事項が具体的かつ正確に提示されている。さらに，レターが読まれる際の印象を良くするために，規則に従った正しい形式の採用（冒頭敬辞や結尾語）が見られる。
　また，前世紀と同様，商用（ビジネス）レター特有の表現が見られる。例えば，受発信レターに関して，
　　　"Confirming my respects of the 2nd inst.,"（2）
　　　"… to which you allude in your favour of the 8th inst."（3）
　　　"I hereby acknowledge the receipt of your letter of the 5th of March last,"（4）

"I have duly received yours of 16th inst. ..." (7)

のように，種々のレターの代名詞表現("respects""favour""letter""yours")や日付強調表現("inst.""last")が相変わらず見られた。

次に，感情的通知表現，

"It is with much regret that I have to acquaint you, ..." (5)

"I am happy to say, that ..." (5)

"it is much feared, she will go to ..." (5)

なども見られた。

末尾の定型"ING"形(「/」は改行)，

"Awaiting ... explanation, I remain, Sir, your obedient servant," (2)

"Trusting to your care ... , / I am Sir, your obedient Servant," (4)

"Awaiting your reply we remain respectfully yours" (6)

などは，相変わらず便利な末尾の表現として活用されている。

このような特徴は，実際に商取引に従事している商人が書いたレターにも見られるのだろうか。

4. 商人レター

19世紀の特徴ともいえる「正確な記載」方法が実際の商人レターでも採用されているか，以下，検討してみる[冒頭(書き出し)と末尾(結びの挨拶)の部分を引用する]。

(1) レター例

以下は，取引相手の友人を銀行に紹介する内容のものである。

1) レター例（1）[2]

> Edinburgh, 25th August 1813.
>
> GENTLEMEN, – Our friend Mr. Walter Scott, whose fame must be known to you, will have occasion to make considerable payments in London during the next twelve months, and is desirous of opening an account on a principle similar to that which we have with your house, on a sufficient guarantee. ...
> （用件）
>
> In the event of this matter meeting your approbation, and should you have no man of business here, we should take the liberty of suggesting our particular friend Mr. James Gibson as a proper person. Mr. Gibson is agent in Edinburgh for the Bank of England, and a man of the first professional respectability. – We are, etc.,
>
> A CONSTABLE AND CO.

　本状では，複数形の冒頭敬辞（"GENTLEMEN,"）の後，用件を明らかにし，以後，詳細な情報を提供している。最後に，実際の業務に携わる場合の専門家（代理人）を紹介し，簡潔な結び（"We are, etc.,"）で終えている。

　それに対する返事は下記の通りである。

2) レター例（2）[3]

> Chancery Lane, 28th August 1813.
>
> GENTLEMEN, – We are favoured with yours of the 25th inst., and feel ourselves obliged by your friendly recommendation. We shall have no objection to open an acct. with your friend Mr. Scott upon the same terms on which we transact business for you, provided ...
> （用件）
>
> In your next you will perhaps throw a little further light upon the subject, and if the guarantee proposed is taken, we should be glad to leave it to you to employ

> your own professional friend to carry it into effect. – We are, etc.,
>
> BROOKS, SON, AND DIXON.

　本状では，下位者宛てのため，複数形の冒頭敬辞（"GENTLEMEN,"）の後，受取レター（"We are favoured with yours ..."）に言及し，感謝し，口座開設の依頼を受け入れる用意があることを明らかにしたうえで，用件を述べている。最後に，紹介された専門家の起用に言及し，レター例（1）と同じ簡潔な結び（"We are, etc.,"）で終えている。

　上記レター例（1）（2）とも，大金が絡むために誤解が生じないような正確な記述がなされている。しかも，自らの主張（用件）がわかりやすく述べられている。両レターとも会社宛てのため，冒頭敬辞の複数形（"GENTLEMEN"）が使用され，また，末尾の挨拶は省略され，"We are, etc.,"と簡潔に終えている。
　以下も金融機関に対して書かれた例である。

3）　レター例（3）[4]

> 　　　　　　　　　　　　　　　　　　　　　Cheltepham
> 　　　　　　　　　　　　　　　　　　　　　*Dec.* 18th 1825
>
> Gentlemen,
> 　It is very distressing to see so many highly respectable Bankers in London, as well as the Country, who have suffer'd materially from alarming panic, which now visits the City of London, and it seems to range so extensively that even the most wealthy may sustain a temporary inconvenience. ...
> （用件）
> 　I am sorry to say Messrs. Turners and Morris Bank of Gloucester and this place suspended payment yesterday, but I have every reason to hope and believe it will only be for a short period. I am a creditor, and I understand this stoppage arises

> more through the speculation of the partners in Land and Houses at this place than in themselves.
>
>   I remain,
>   Gentlemen,
>   Your Most Obedient Hble.
>   Servant
>   J. H. Ollney

　本状は，金融危機の際の資金不足への対応に関する例で，用件を長々と説明している。本状では，モデルレターと同様に，正確な金額表示（用件の中で"1000 £" "5000 £"の表記あり）がなされている。冒頭敬辞は，会社宛てのため複数形（"Gentlemen,"）が使用され，末尾は，定型の結び（"I remain, / Gentlemen, / Your Most Obedient Hble. (Humble) / Servant"）で終えている（「/」は改行）。

　シモンズ（P. L. Simmonds）が，自著 *The Commercial Letter Writer* で指摘したように，事前に準備された書類に必要事項を記入した下記の例も見られる。

4)　レター例（4）[5]

> ***Carlisle and Cumberland Bank,***
>   *Carlisle,* 16 Sept   1842
> Sir,
>   I acknowledge your Letter
> dated the   *15ᵗʰ*   Instant, with Remittance amounting
> to £ *167.* *5.* *0*   which is placed to the
> Credit of your   ～   Account with this Bank.
>   I am,
>   Sir,

> Your obedient Servant,
> *J. Nelson*
> MANAGER.

　本状は，所定文書の必要箇所（空欄）を埋めることにより，正確かつ確実に，迅速な処理が可能となる能率を重視した便利な方法の採用例である。
　以下は，用件を詳細に説明したやや長文の例である。

5) レター例 (5)[6]

> London.
> 1 Nov. 1848.
>
> Dear Sir James,
> 　I will reply to your queries about the scheme of railway amalgamation by premising that the information does not reach me from any government channel and that although some such proposition has been laid before government it has not been submitted to the leading railway bodies. ...
> （用件）
> 　I do not hesitate to say that the expenditure forced upon the London & North Western, utterly unprofitable and arising mainly from the caprice of parliament, is several millions, but much may still be saved.
> 　　　　　　　　Believe me,
> 　　　　　　　　　My dear Sir,
> 　　　　　　　　　　Yours very faithfully,
> 　　　　　　　　　　　GEO. CARRGLYN.

　本状では，担当者宛てのため，単数形の冒頭敬辞（"Dear Sir James,"）の後，相手の問いに対する返事である（"I will reply to your queries ..."）旨明らかにし，以下，用件が長々と述べられているが，わかりやすい。受信者の理解を助ける詳細な書き方の工夫が見られる。末尾は，当時の定型の結び（"Believe me, /

My dear Sir, / Yours very faithfully,") で終えている (「/」は改行)。
次のレターも同様な正確な書き方の例である。

6)　レター例 (6)[7]

> Headley, Lipbrook [sic], Hants.
> December 2nd, 1867
>
> Dear Mr. Watkin,
> 　I have thought a good deal over the proposal you kindly made to me, and have consulted others, as I told you I would. I am not indisposed to accede to your suggestion if I can do so without exciting angry feelings, or thrusting aside anyone with a better claim than myself. ...
> （用件）
> 　Touching the Chairman's salary, I am distinctly of the opinion that the large sums you named are wholly out of the question. Whatever the sum fixed is, it should be decidedly low as such things go; ‐ a highly-paid chairman is a luxury which should be reserved for the return of a good Shareholder's Dividend.
> 　　　　　　　　　　　　　　　　　　Believe me, yours very truly,
> 　　　　　　　　　　　　　　　　　　　　　　　　　　Granborne.
> E. W. Watkin, Esq., M. P.

　本状では，冒頭から相手の提案に対する自分の思い（考え）を詳細に述べている（"I have thought ... over the proposal ..."）。そして，その用件・問題点を順を追ってわかりやすく説明している。冒頭敬辞は，単数扱いの親しい書き方（"Dear Mr. Watkin,"）が採用されており，末尾は，当時よく使われていた定型の結び（"Believe me, yours ... truly,"）で終えている。

(2) 特　　徴

　以上のように，19世紀の商人レターでは，決まりきった日常業務に関して

は，機械的に空欄を埋めるやり方［レター例（4）］が採用されている。やや複雑な内容の場合には，簡潔性よりも相手の理解度を高める書き方が重視され，やや冗長だが論理的な書き方［レター例（5）（6）］が見られる。

　また，礼を失しない形式も重視され，冒頭敬辞の正確な活用がなされている。会社宛ての場合は，複数形の使用，

　　"GENTLEMEN,"（1）（2）

　　"Gentlemen,"（3）

個人宛ての場合は，単数形の使用，

　　"Sir,"（4）

　　"Dear Sir James,"（5）

　　"Dear Mr. Watkin,"（6）

がなされている。

　末尾も（「/」は改行），

　　"I remain, / Gentlemen, / Your Most Obedient Hble. (Humble) / Servant"（3）

　　"I am, / Sir, / Your obedient Servant,"（4）

などのように，規則に則った書き方がなされている。

　また，結尾語表現として（「/」は改行），

　　"We are, etc.,"（1）（2）

　　"Believe me, / My dear Sir, / Yours very faithfully,"（5）

　　"Believe me, yours very truly,"（6）

など，マニュアルでは例示されていないが，当時の定型と思われる表現（"Believe me ..."）も見られる。

　モデルレターではまだ散見された定型の結び "ING" 形は，商人・ビジネスマンが実際に書いたレターには見られなかった。

　上記の特徴から明らかなように，当時の商人・ビジネスマンたちは，誤解から生じる紛争のわずらわしさを十分認識しており，レターを書く時には，マニュアルの教えに従って，なるべく誤解の元を作らないような正確な書き方を心がけていたように思われる。

5. まとめ―19世紀の特徴―

　19世紀の英国では，マニュアルの著者が「(若者を対象とした) 教育が無視されている」(I) (V) と嘆いているように，商業や貿易に関する教育はあまり重要視されていなかった。このような実学教育の不足・貧困を補うために，「初心者向けのマニュアルの必要性が痛感され，本書を出版した」(I) (IV) (V) と，参考書としてのマニュアルが出版されたのである。

　当時の状況から，依然，実用書に対する需要は高かったといえる。マニュアルでも強調されていたように，事務担当者の役割は大きく，重要度の高いレター作成という業務の大半は彼らに任されていた。彼らは，忙しい上司の指示や意図を理解して，上司の代わりにレターを作成しなくてはならなかった (I) (III)。比較的若い担当者でも，先輩の原稿を清書することや，責任者の未完原稿やメモを基に，正式なレター文として完成することが求められた (V)。同時に，受発信レターの保管や必要事項の記録の重要性なども指摘されている (I) (III) (V)。

　したがって，このようなデスクワークを完全に遂行できる能力を持った事務担当者の「評価は高まり，上司の信用も増す」(I)，ひいては「昇進のチャンスは大きくなり」(V)，「望ましい地位と高い給料が確保される」(III) のである。

　レターの書き方に関して，商用（ビジネス）レターは，「依然として硬く，公的色彩の強い性質を持つ」(III) という意見と，「このスピード時代に従来の商用レターは時代遅れで，印刷されたポストカードで済ます簡単かつ迅速な方法を採用すべき」(IV) と，相反する見解が述べられている。重要な業務連絡は別にして，簡単な日常業務などの連絡の場合には，徐々に，商人の使用例［レター例 (4)］に見られたような，事前に準備された（印刷）書式を利用する方法が増えていったものと思われる。

しかしながら，「良い商用レターを書くことは見かけほど簡単ではない」(III)。「迅速かつ状況に応じたスタイルの選択，言語上の明快さ」(III)，「単刀直入に，簡潔かつ礼儀正しいスタイル」(V) が求められる。ただ，基本的には，従来の教えの通り，「簡潔，整然，明快」(I) を心がければよいのである。それ故に，具体的なレター構成についての指示 (V) は，書き手にとって非常に便利で，現行レター形式にも適用できる。

また，マニュアル上のモデルレターや実際の商人レターに見られたように，冒頭敬辞の単数形，複数形の使用，末尾の結尾語の活用などは，現在でもそのまま通用する。用件の書き方にしても，相手に誤解されないような正確な記述，正しい形式の採用などを心がけていることが窺われた。

ただ，一部の旧式と考えられている書き出しの表現，結びの"ING"形などは依然見受けられた。例えば，モデルレターでは，冒頭のレターに言及する表現（下線部）として，

"Confirming my respects of the 2nd inst.," (2)
"I hereby acknowledge the receipt of your letter of the 5th of March last," (4)
"I have duly received yours of the 16th inst. confirming ..." (7)

など，末尾の結びの挨拶"ING"表現（下線部）として（「/」は改行），

"Awaiting your immediate explanation, I remain, Sir, your obedient servant," (2)
"Trusting to your care in procuring the Beef properly salted, ... , / I am Sir, your obedient Servant," (4)
"Awaiting your reply we remain respectfully yours" (6)

など，ビジネス独特の定型表現が多用されている。

一方，商人レターでは，意外なことに，モデルレターよりもより簡潔な書き方が採用されていた。冒頭では，挨拶なしにいきなり用件の説明に入る方法が多く，書き出しの定型とされる受取レターに言及する表現，

"We are favoured with yours of the 25th inst., and ..." (2)

の一例が見られたにすぎない。

末尾では，定型の"ING"形の使用例はなく，用件の説明後，結尾語・署名

第4章　19世紀の英文ビジネスレターの特徴　169

で終えるという現代風の書き方が行われている。

　このように，19世紀では，マニュアル上で教えられたレターの書き方，スタイルに関する理論的な説明・解説は，現代でも適用可能で，ほぼ確立していたと思われる。ただ，レターに用いられている表現に関して，現代ではその使用が否定されている，いわゆるビジネスジャーゴン，陳腐な決まり文句（定型表現）は，実際の商人レターではその使用頻度は少なくなっているが，当時は依然，効果的な表現だったようである。

(注)
1) 本章で参考にしたマニュアルは下記の通りである。なお，本章における下記マニュアルからの引用の場合は，マニュアル番号 (I. II. ……) を活用・表記する。
  I. William Anderson, *Practical Mercantile Correspondence*, 1836.
  II. R. C. Austin, *The Commercial Letter Writer* , 1841.
  III. T. S. Williams and P. L. Simmonds, *English Commercial Correspondence*, 1864.
  IV. P. L. Simmonds, *The Commercial Letter Writer*, 1866.
  V. Frederick Hooper and James Graham, *The Beginner's Guide to OFFICE WORK*, 1898.
2) Thomas Constable, *Archibald Constable and His Literary Correspondents, A Memorial*, Vol. III, Edinburgh Edmonston and Douglas, 1873, pp.25-26.
3) *Ibid.*, pp.26-27.
4) Henry Peregrim Rennie Hoare, *Hoare's Bank A Record 1673-1932*, C. Hoare & Co., London, 1932, pp.43-44.
5) George Chandler, *Four Centuries of Banking*, Volume II, London, B. T. Batsford Ltd., 1968, p.314.
6) Roger Fulford, *GLYN'S: 1753-1953 Six Generations in Lombard Street*, London, Macmillan & Co., Ltd., 1953, pp.127-129.
7) T. C. Barker, "Lord Salisbury, Chairman of the Great Eastern Railway 1868-72", *Business and Businessmen Studies in Business, Economic and Accounting History*, (ed.) Sheila Marriner, Liverpool University, 1978, pp.88-89.

第5章　20世紀の英文ビジネスレターの特徴

　19世紀までのマニュアル上の説明・解説と、レター（モデルレターと商人レター）の検討結果から明らかなように、レターの書き方に関する現代との違いは、発信者がビジネスレターを書く時に、ビジネス特有の語句・表現を必要な専門用語として認めるか、あるいは望ましくないジャーゴン、陳腐な決まり文句として否定するのか、という点である。

　米国では、19世紀後半すでに、ビジネス特有の定型表現の使用は否定されている。ナエザー（Carl A. Naether）教授によると、ウエストレイク（J. Willis Westlake）教授は、1876年に自著、*How to Write Letters: A Manual of Correspondence* で、

> 「"Yours of the 10th received, and in reply will state," のようなジャーゴンや、当時のビジネスレターに一般的に見られる同じ決まり文句の使用に対して警告を発し、さらに、『最も優れたビジネスレターは簡素ではあるが、正確で、しかも上品な英語の手本である』」[1]

と、ジャーゴンや定型表現の使用に否定的な考えを示している。

　また、ナエザー教授自身もレターの末尾表現に関して、英国的な分詞構文の表現の良さ（親しみと敬意のトーン）を尊重しながらも、米国では、この"ING"形は、第一次大戦のはるか以前に、陳腐かつ冗漫な表現として避けるべきであるといわれていたことを明らかにしている[2]。

　一方、英国の19世紀のマニュアルではまだ、ビジネス特有の表現についての制限はなく、望ましい表現［模範的な冒頭（書き出し）の表現、末尾（結びの挨拶）の表現］として紹介されている[3]。事実、モデルレターにも実際の商人レターにも、数多くの定型表現が用いられている。この差は、ナエザー教授が指摘した英国社会の保守性と強い階級意識によるものであろう。従来のしき

たりや伝統を尊重する英国では，ビジネスレターといえども，一種の威厳や尊敬の念を大切にした書き方が望まれていた。米国式の単刀直入な書き出しや末尾の用件のみで終える方法は，礼儀正しくなく，図々しく無愛想であるとさえ思われていた[4]。

英国では，このような伝統重視の書き方から，平易で日常の言葉に近い表現を用いる，いわゆる「言文一致」の原則がいわれ始めたのは，20世紀に入ってからと思われる。その変化の時期はいつ頃なのであろうか。

本章では，20世紀発行の下記マニュアルを中心にその変化の時期を探ってみたい[5]。

  I. John King Grebby, *Modern Commercial Correspondence* (1909-1951)
  II. W. J. Weston, *Guide to Commercial Correspondence and Business Composition* (1910-1950)
  III. Fred Hall, *First Steps In Business Letter Writing* (1920-1956)
  IV. James Stephenson, *Principles and Practice of Commercial Correspondence* (1927-1952)
  V. Roland Fry, *Manual of Commercial Correspondence* (1935-1954)
  VI. F. Addington Symonds, *Teach Yourself Commercial Correspondence* (1949-1952)
  VII. Gordon S. Humphreys, *The Teach Yourself Letter Writer* (1950-1954)

1. 通信文（レター）について

20世紀になると，商用通信は，
 「貿易や商業の諸問題に関する情報の伝達である」(VI.：p.11)
と，定義づけられているように，
 「今や世界中の商取引の大半は，レターを介して遂行されている」(II.：p.9)

のが，現実の姿である。したがって，

　「交通手段の著しい進歩，新市場の開拓，あらゆる分野における技術の発達により，商用通信の重要性も飛躍的に高まっている」(Ⅳ.：p.1)

のである。この商用通信のおかげで，ロンドンの（貿易）業者は，

　「かつては非常に狭い地域に営業活動が限定されていたが，今や，地球規模の活動が可能になっている。彼らは，シカゴの小麦，ボンベイの綿，シドニーのウールなどの価格に影響を与えることができる」(Ⅱ.：p.9)

ようになった。レターを介して，遠隔地間の取引の場合でも，また，遠くの見知らぬ人々とでも，お互いに親密なビジネス関係が持てるようになったのである。

　同様に，近距離取引の場合でも，

　"Confirming our offer made by telephone to-day,"

　"With reference to our conversation this morning,"

などの表現例 (Ⅱ.：p.10) に見られるように，

　「対面的な取引交渉の場合でも，口頭で合意に達した項目を後日レターで確認することができる」(Ⅱ.：p.9)

のである。具体的な例として，

---

　　　　　　　　　　　　　　　　　　　　　　　　23 King St.
　　　　　　　　　　　　　　　　　　　　　　　　　Liverpool.
　　　　　　　　　　　　　　　　　　　　　　September 3rd 19 ..

Messrs. T. Salt & Co.,
　　　Deansgate.
　　　　　　Birmingham.

Dear Sirs,
　　　Referring to your favor of the 29th ulto., and confirming our conversation per telephone to-day, we beg to say the Rollers for your esteemed order No. F.5382 will be despatched in 4 to 5 weeks from date.

　　　Assuring you of our best attention,

> *We are, Dear Sirs,*
>
> *Yours faithfully,*
>
> *Wm. Smith & Co.*

のように（Ⅱ.：p.13），電話による商取引を，後で確認（「注文を受諾し，注文品の発送を伝える」）のレターが送付されることになる。商人・ビジネスマンは，誤解のない円滑な取引の遂行のために，レターを介して，合意事項や条件の確認が行えるのである。それ故に，

> 「レターを書けることは，ビジネスマンの重要な業務の一部であり，より良いレターを書けることは，その人のビジネス・キャリアにとって必要不可欠な条件となる」（Ⅱ.：p.10）

と，指摘されている。したがって，

> 「商人は，業者とのレター通信を通して，取引先の開拓，商品の紹介，売買契約の締結という一連の商活動を行うので，それ（レターを書くこと）は，商活動上の知的側面（行為）として重要視される」（Ⅳ.：p.1）

のである。このように，レターは，

> 「二者間のコミュニケーションのための媒体としての働きと，コミュニケーションの長期かつ正確な記録として残る」（Ⅲ.：p.9）

という効用のために，商取引・ビジネスには不可欠な通信手段となっている。

ただ，レターは，対話のように即座に訂正し，誤解を取り除くことができないので，発信者は，自分の意図を誤解されないように正確に書く必要がある。そのためには，

① 正確な語を選択すること
② 正しい文章と句読点に気をつけること
③ 文章の論理的な構成ならびに節の配置を考えること
④ 明確に正しいスペルで書くこと

など（Ⅲ.：pp.9-10）が求められている。それ故に，ビジネスレターは，

① 取引を具体的に文書化したもので，将来の紛争を避け，長期的な関係

を維持するのに役立つ。
　②　当事者間で合意された条件や義務を公に宣言したもので，法廷での証拠書類として役立つ。

など（Ⅳ.：p.2）の長所を持つ。このことは，前世紀のマニュアルでも強調されていた点である。

　このような働きを持つビジネスレターも，その書き方に特別なものはない。要するに，

　「ビジネスの言語といえども英語に変わりはなく，良い英語と良いビジネスレターの書き方の間に大きな差はない」（Ⅱ.：p.45）

　「いわゆる商用レター特有の書き方というものは存在しない」（Ⅳ.：p.21）

　「商用通信に必要な，特に不可思議なスタイルはない」（Ⅶ.：p.136）

のである。ビジネスレターは，他の一般的なレターの書き方と特に変わるものではなく，その違いは，

　「表現や形式が簡潔であり，単にビジネス特有の専門用語が用いられていること」（Ⅳ.：p.21）

　「明快でわかりやすく，形式上の完成度が高いこと」（Ⅶ.：p.136）

にすぎない。

　さらに，英語の用法として，ビジネス英語（"business English"）と法律英語（"legal English"）の違いについて，

　「通常の通信文が平易，明快を理想としているのに対し，法律文書や公文書では，意味を正確に示すこと，曖昧性を排除することを主目的としているので，その表現は，一般的に使われている日常の言葉とは異なる。要するに，法律文書や公文書では，義務や権利を明確に示さなければならず，絶対的な正確性が求められる。……法律文書や官公庁の文書の作成に携わる者は，法律上の解釈の違いや特定用語の意味の解釈に誤解が生じないように，あらゆる場合を想定して文書を作成しなくてはならず，どうしても官庁用語（"officialese"）に依存せざるを得ない。一方，商用文書には契約書，協定書，権利書などの法律文書も含まれるが，商用通信の基本は，あ

くまでも取引上のコミュニケーションを円滑にすることなので、商人は、正確を期す弁護士とは異なり、明らかな冗長表現を排除しなければならない」(Ⅵ.：p.15)
と説明してあるように、明瞭に理解されるべき英語（"clearly understood" English）であるビジネス英語と、正確な英語（"precise" English）である法律英語は明らかに異なる。この違いから、「なぜ、ビジネスレターでは、わかりやすい簡潔な表現を使わなければならないのか」の答えがおのずと明らかになる。

2. 通信文（レター）の書き方について

（1）ビジネスレターの書き方

　口頭コミュニケーションに対して、書き言葉は永続的な記録として残るので、商人・ビジネスマンが後日の紛争を引き起こさないような良いビジネスレターを書くことは必須である。良いビジネスレターを書くためには、
　① 明確な思考
　② 正確な表現
　③ 礼儀を伴った簡潔な書き方
など（Ⅵ.：p.12）が必要となる。
　また、実際にレターを書く時には、
　① ある程度の心のゆとりを持つ。
　② 誠実に、自然に書く。
　③ 適正なテーマとスタイルを採用する。
　④ 正しい書式を用いる。
こと（Ⅶ.：p.2-3）を心がけ、より具体的には、
　① 読みやすく書く。
　② 正しいスペルを使用する。

③　文法の規則を守る。
④　明確に記述する。
⑤　簡潔に書く。
⑥　正確な句読点，正しい節分け，大文字などを使用する。
⑦　適正なレター構成に従う。

など（I.：pp.1-2）が求められる。

同様に，良いビジネスレタースタイルに必要な条件は，
①　内容が適切であること
②　礼儀正しいこと
③　簡潔であること
④　明瞭であること

など（IV.：p.20）である。したがって，良いビジネスレターを書くためには，特に，

「昔からよく使われていた多くの定型表現は，レターの価値を損なうことなく減少し始めている。現代の通信文には，簡潔，正確な表現が必要不可欠であり，現代のビジネスにはこの簡潔性が求められる」（IV.：p.1）

のである。例えば，

"It is our intention within the next three or four days or so to visit your neighbourhood, when we hope to have the pleasure of making a call upon you."

ではなくて，

"We hope to have the pleasure of calling upon you within a day or so."

の方がよりわかりやすい（I.：p.21）。

ただし，簡潔すぎるのもよくない。

「冗長と無愛想の中間を目指せばよい」（I.：p.21）

のである。具体的には，簡単で短い表現を活用する方法である。例えば，

"*Earliest practical period* = as soon as possible"
"*Unfavourable climatic conditions* = bad weather"
"*Made the recipient of* = received"

"*In the contemplated eventuality* = in the event"
"*Imparted the information to him* = informed him"
"*Anterior to my epoch* = before my time"

など (I.：p.21)，難解な（イタリック体）表現は避けた方がよい。

また，下記の冗長な重複語（イタリック体），

"He received the news with *equanimity* of mind."（*equanimity* = evenness of mind）
"*Entire* monopoly"（*monopoly* involves entire）
"He deserved *condign* punishment."［*condign* = deserved (not severe)］
"*Worldwide* recognition by all"（*worldwide* = by all）
"More than you think *for*"（*for* is superfluous）
"Returned *back* again"（*back* do.）
"*Fellow* companions"（*fellow* do.）

など (I.：p.22) も，使用する際には気をつけなければならない。

確かに，これまでの定型表現を多用した，いわゆる旧式とされるビジネスレターは，「形式の重視，（定型表現の採用による）時間の節約と利便性」(V.：序文，p.v) の点から，尊重されるべき長所もある。しかし，20世紀の商人・ビジネスマンにとって，自分の意図を正確にわかりやすく伝えるために，旧式の書き方ではもはや十分ではない。現代に適した，より機能的な新しいスタイルが必要となっている。例えば，

「"We are in receipt of your favour" "Begging to state" などの言い回しは，徐々にその使用頻度が減少しており，状況によっては適さない場合もある。……商用レターは読みやすいことが大切であり，より短い文章と短い節で書く」(V.：p.1)

ことが求められている。

ただ，あまりにも簡潔に書くことだけに注意してはならない。当然，ビジネスレターには，

「レターの内容を的確に伝えるべき表現が求められているが，簡潔すぎるのもよくない。言葉の遊びは不要であるが，ある程度の挿入語句の効果は

認められてもよい。例えば，商品の発送や注文の際に，単にその用件だけを述べるよりは，その時の思い（「喜び」）を表すと，より一層その誠意が感じられる。実際，お互いの良好な関係の維持に役立つ語句や，相手の立場を思いやる尊敬の語句などを挿入することにより，取引が円滑に行われる効果も見逃せない」(V.：pp.1-2)

のである。

また，礼儀を重んじた過度な修飾語の乱用も戒めている。例えば，

"We thank you very much for your order."

"Your kind inquiry"

"Your esteemed favour"

"We submit a catalogue for your kind perusal."

"Our best apologies"

など (V.：p.31) の表現は，誇張された言い回しで，かえって相手に嫌悪感を抱かせる恐れがある。特に英語を母国語としない外国人は，えてして丁寧さを強調するあまり，誇張表現を用いる傾向にあり，気をつけなければならない (V.：p.31)。

また，断定した言い方にも気をつけなければならない。相手に本当に信じてもらいたい場合には，断定的な表現よりもそれとなく示唆する方法が望ましい。例えば，

「商品の優秀性，価格の安さ，口銭の妥当性，譲渡権利の価値の大きさなどは，それとなくほのめかした方が効果的である。"You will remember" "You will of course understand" など，相手本位の表現を挿入する言い方は効果的」(V.：p.2)

となる。同様に，

「自分本位になりがちな『一人称』ではなく，取引上，重要な相手本位の『二人称』中心の書き方」(V.：p.3)

も求められている。したがって，実際にビジネスレターを書く時には，

① 過度な卑屈表現は使用しないこと。確かに，礼儀正しいことや相手を

敬うことは必要であるが，"honoured to serve" "awaiting favoured replies" などの誇張表現は，今や時代遅れである。

② 以下のような，商業用のジャーゴンや長い間使用されてきた陳腐な決まり文句の使用は慎む。

"prox."（＝next month），"ult."（＝last month），"beg to"，
"hereby beg to"，"your favour"（＝your letter），
"I am in receipt of your favour."（＝your letter has reached me.），
"per"（＝by），"Yours to hand"，"your esteemed order"，
"begging the favour of"，"thanking you in anticipation"，

など（Ⅶ.：pp.136-137）に注意しなければならない。

しかしながら，現実の商取引・ビジネスの場では，依然として旧式の定型表現が活用されている。それは，定型表現の使用に際して，

「商人・ビジネスマンが深く考えることもなく，ただ昔からの習慣として盲目的に受け入れている」（Ⅵ.：序文，p.v）

からである。例えば，

Dear Sir,

　We beg to acknowledge the receipt of your esteemed communication of the 28th *ulto.*, inquiring if we are now *in a position to* guarantee early delivery of your order of the 5th *inst.*, for fifty pint tins of paint. *We beg to* inform you that there has been some unavoidable delay *in connection with the dispatch of* the *same*. *Re* price, we *are desirous of* quoting our new season's price list and *we trust* that this list will be available *in the course* of a few days, and that the goods will then be dispatched *in due course*.

　In the meantime it will *be our constant endeavour to afford* our customers *every satisfaction with regard to* their *valued orders*.

　　　　　　　　　　　　　　　　　　　　We remain,
　　　　　　　　　　　　　　　　　　　　　　Yours faithfully,

のように，上記イタリック体の表現は，今日でもまだ実際のレターに用いられており，より平易な表現に変えられなければならない（Ⅶ.：p.138）。

したがって，商用（ビジネス）レターを書く場合には，

「商業の世界では，すべての取引は，書き言葉にせよ話し言葉にせよ，言葉を介して行われるので，発信者は，その言葉を読んだり，聞いたりする受信者が容易に理解できるような明確かつ力強い，生き生きとした英語を用いなければならない」（Ⅵ.：序文，p.vi）

ということを念頭に置いて，

「レターの文頭や末尾の正しい配置が求められ，ある程度の形式は必要であるが，商用レターでは，旧式の定型表現を単に羅列するのではなく，まさに現実の生々しい事項を明確に示さなければならない」（Ⅲ.：序文，p.6）

のである。

この現代に適したレターの書き方を妨げているものは何なのか。例えば，

「商用英語（Commercial English）のジャーゴンは，ぜひとも避けられるべきであり，正しい言葉遣いを心がけている人に対して用いるのは好ましくない。また，読者の注意を引くための力強い表現を必要とする商業の場で，伝えるべき内容の活力をそぐような，無味乾燥で意味のない定型表現の使用は，商取引の現実に適していない」（Ⅲ.：序文，pp.5-6）

と，英国教育委員会・国語教授委員会は提言している。同様に，

「定型表現は，伝達すべき内容を明確に表現する際の妨げとなり，商用英語の使用は好ましくない。……無味乾燥な定型表現の使用は，ビジネス上の目的達成のために，生き生きとした，人目を引くような表現を必要とする商行為の活力を損なう」（Ⅵ.：序文，p.v）

という否定的な見解が示されている。また，ビジネスレターを書く時に，

「我々は，……（無意識のうちに）商用文体（"commercialese"）を採用する。……商用文体は，のんびりとした古い時代の遺物にすぎない。例えば，"beg to acknowledge our esteemed favour" "Assuring you of our best attention to your valued commands" "beg to remain ours faithfully" などの

表現，"ult.""inst.""prox."などの略語，"same""the former""the latter"などの代名詞は，無意味なジャーゴンである。このような古臭い表現を用いるべきではない」(Ⅵ.：pp.12-13)
など，現代にふさわしい商用（ビジネス）レターを書くためには，昔から使用されてきたビジネス特有の定型表現・ジャーゴンの使用を控えなければならないのである。

(2)　ビジネスレターの構成

　商用（ビジネス）レターでは，内容とスタイルだけではなく，スペースの取り方，節の分け方，住所，末尾，署名の書き方などにも注意しなければならない。例えば，書中宛名，冒頭敬辞，結尾語の組合わせに関して，
　　〈商人宛ての場合〉
　　　　書中宛名：　　　Mr. Robert Ford,
　　　　　　　　　　　　　　Draper & Hosier,
　　　　　　　　　　　　　　　　17 High St.,
　　　　　　　　　　　　　　　　　　Maidstone.
　　　　冒頭敬辞：　　　Dear Sir,
　　　　結尾語：　　　　Yours faithfully,

　　〈会社宛ての場合〉
　　　　書中宛名：　　　Messrs. James Write & Sons,
　　　　　　　　　　　　　　Sparkhall Works,
　　　　　　　　　　　　　　　　Bermondsey,
　　　　　　　　　　　　　　　　　　London, S.E.
　　　　冒頭敬辞：　　　Dear Sirs, or Gentlemen,
　　　　（女性宛て）：　　（Madam, or Dear Madam,)
　　　　結尾語：　　　　Yours faithfully,

など（Ⅰ.：p.33），その違いを認識する必要がある。

上記の書中宛名に見られるように，インデント・スタイルは，17世紀に指摘された間隔（スペース）の活用の流れを汲むものと思われる。効率を重視する20世紀に，スペースを活用する方法は非能率な形式で，今ではやや気取った旧式の英国式にすぎないと指摘されている。それでもなお，このようなインデント・スタイルが当時採用されているのは，発信者がレター形式（外見）上で，受信者への尊敬の念を示す方法の名残りなのかもしれない。

次に，レター本文を書く際に，最初と最後の部分にも特に配慮が求められる。例えば，レターの書き出しでは，一般的なレターの場合には，
　「相手のレターに言及したり，用件の要約を行う」(V.：pp.2-3)
見積やオファーの場合には，
　「読者の注意を引くための工夫が必要である」(V.：p.3)
返信の場合には，
　「受信したレターの内容や日付に言及することが望ましい」(V.：p.6)
セールスレターの場合には，
　「読者をはっとさせるような書き出しが望ましい」(V.：p.15)
など，内容に応じた書き方が必要となる。

ただ，仰々しい書き方は望ましくない。
　「（一般的にレターの最初の部分では，）レターの用件や自分の思いを明らかにする。例えば，喜び，後悔，驚き，感謝などの気持ちは容易に伝えられ，なるべく短い文章の方が長いものよりも注意を引く」(V.：p.6)
はずである。同様に，
　「普通のビジネスレターでは，必ずしも大げさな書き出しは必要ではない。最も一般的な書き出しは，直近のレターに言及する方法である。受信者は，容易に用件を把握でき，早期の処理が期待できる」(V.：p.15)
など，その基本は，相手にいかに読んでもらえるかということであり，読者の気を引くような書き出しの工夫も必要となる。

また，レターの末尾では，
　「レターの終わりは，……本文で述べた用件の要約，あるいは強力な最後

のとどめとして機能する重要な部分である。……受信者に対して，提供される商品やサービスについて好ましい印象を与え，即座に行動を起こさせるように仕向ける工夫が求められる」(V.：p.3)

のである。したがって，これまでよく使われていた"ING"形で終える方法は，

「(しばしばそのような決まり文句は) 不注意に，機械的に用いられる場合が多い。受信者も，その末尾表現の不十分さを認識しており，たびたび無視する。その結果，定型の結びは何もメッセージを伝えられず，むしろ妨げとなる」(V.：p.15)

のである。さらに，

「受信者は，末尾の定型表現にあまり注意を払わず，最後に発信者が自分の意思を明確にするには効果的ではない」(V.：p.7)

と，その使用が強く否定されている。その理由は，文法的な視点から，

「それ自体完全な文章ではなく，少なくとも伝えたい用件は，正しい文章の中で明らかにしなければならない」(V.：pp.6-7)

からである。

一方，形式を重視する商用（ビジネス）レターの性格上，

「レターの結びを馴れ馴れしく，親しげに書くことは失礼にあたる，という昔からの言い伝えを信じるあまり，無難な決まり文句を用いる」(V.：p.7)

傾向も強い。例えば，定期的かつ簡単な事項の連絡では，

「(逆に) この決まり文句は，末尾の定型表現として長い間認められてきたので，一般的な日常業務に関するレターの場合には，そのまま活用しても，最後の結びとしての働きは十分果たせる（この場合，後に続く"we are""we remain"が必要なことはいうまでもない）」(V.：p.7)

など，定型表現の活用を勧めた教えもある。

(3) 定型表現の活用

必要な用件を簡潔に伝えるべきという教えにもかかわらず，20世紀初期の

表現例（一部引用）は，

① 返事の冒頭（書き出し）の表現例（I.：p.37）

"We beg to acknowledge the receipt of your letter of the 6th inst.,"
"We have (or take) pleasure in acknowledging the receipt of ..."
"In reply (or with reference) to your letter of the 6th inst.,"

② 末尾（結びの挨拶）の表現例（I.：p.38）

"Thanking you in anticipation of an early reply,"
"Apologizing for troubling you,"
"Awaiting the favour of your esteemed commands (or orders),"

③ 結尾語の表現例（I.：p.38）

"I (or We) remain, or I am (or We are), Yours faithfully, etc.,"

など，依然として19世紀的な旧式とされる決まり文句が大半を占めている。

しかしながら，1920年代になると，従来の決まり文句は徐々に減少している。例えば（一部引用），

① 冒頭（書き出し）の表現例

a) 引合状の場合

"Your firm has been recommended to us by our friends Messrs. Long & Short as a reliable firm for the supply of watch springs. ..."
"We are requiring a supply of cleaning cloths for our engineering department, and having seen your name in the Directory as manufacturers such cloths, ..."
"A little while ago your representative called upon us in order to bring before our notice your 'Perfecto' rotary copier. ..."

b) 受取レターの確認の場合

"We are in receipt of your letter of 13th June, for which we thank you."
"In response to the request contained in your letter of 30th May, we have pleasure in forwarding you herewith the under-mentioned documents -"

"Your letter of 11th July, addressed to our Mr. James Stone, was received last week. Unfortunately Mr. Stone was in London, and …"

② 末尾（結びの挨拶）の表現例（「/」は改行）

"We thank you for your prompt attention to our requirements. / Yours faithfully,"

"We trust this explanation will be satisfactory. / Yours faithfully,"

"Regretting the trouble we are causing you. / We are, / Yours faithfully,"

"Apologizing for the delay that has taken place but assuring you of my personal attention, / I am, / Yours faithfully,"

"Hoping to receive your reply by return of post, / We are, / Yours faithfully,"

など（Ⅲ.：pp.48-50）のように，冒頭（書き出し）の表現は現代でも活用できるが，末尾（結びの挨拶）に関しては，定型表現に対する強い否定にもかかわらず，依然として結びの"ING"形が模範例として多用されている。

さすがに1935年頃になると，定型表現は姿を消し，末尾の定型"ING"形も見られない。例えば（一部引用），

① 冒頭（書き出し）の表現例

"We should be glad to receive details of your prices."

"We should be obliged if you would inform us of the terms on which you are prepared to supply …"

"As we are now in the market for … we should welcome information …"

② 末尾（結びの挨拶）の表現例

"We look forward to placing further orders with you, and trust that you will make every effort to satisfy our particular requirements."

"We hope to entrust you with further business and feel sure that you will make every effort to accommodate us."

など（Ⅴ.：p.40），現代でもそのまま通用する。

このことから，1935年頃が新しい書き方に変化した転換の時期になっているように思われる。事実，その頃のマニュアルで紹介されている例を見てみると，

1) レター例（1）（V.：pp.161-162）

12th April, 19 ..

Hyblya Sweets Ltd.,

...

Dear Sirs,

　　One of our most valued Chinese clients has entrusted us with the purchase of 5000 lb. of boiled sweets, and we are anxious to know if you can provide us with a variety particularly suitable for the Chinese market. We have in mind a hard, brightly-coloured sweet, with a sugar content slightly above the average. ...
（用件）
　　The size of this trial order will probably assist you in assessing the value of this connection, and we feel it hardly necessary to remind you of the benefit likely to accrue to you from the supply of a satisfactory product.

　　　　　　　　　　　　　　　　　　　Yours faithfully,
　　　　　　　　　　　　　　　　　　　Smith & Sons.

2) レター例（2）（VI.：p.114）

Dear Sirs:

　　On February 9 last, we placed an order for 20 reams of Quality B quarto typewriting paper with your representative, Mr. Bertin. We received your official acknowledgement of this order on February 12, with a definite promise to deliver within three days. ...
（用件）
　　We feel sure it is due to circumstances which can be readily explained and we look forward with confidence to your reply.

　　　　　　　　　　　　　　　　　　　Yours faithfully,

などのように，誇張表現 "our most valued Chinese clients"（1），強調表現 "On

February 9 last," (2) など，商人・ビジネスマンが好んで使う表現は見られるが，いわゆる仰々しい定型表現は影を潜め，ほぼ現代風の書き方となっている。

次に，その転換点をより明確に示すために，モデルレターの変化を通して見ることにする。

3. モデルレター

前述したように，20世紀は旧式のレターから新しい現代風の書き方へと変化した時代である。その移行時期を特定するために，モデルレターの変化を見ることにする。ここでは，理解を深めるために，冒頭（書き出し）と末尾（結びの挨拶）を取り上げる。

（1） レター例

まず，初期の例は以下の通りである。

1） レター例（1）（I.：p.161）

> Bradford, 9th May, 19..
>
> Messrs. Marsdem & Sons,
> 　　　　　London.
> 　　Gentlemen,
> 　　　　In reply to yours of yesterday's date, we very much regret the delay in executing the balance of your esteemed order of the 8th April, which has not been entirely our own fault. ...
> （用件）
> ... We fully appreciate your position in the matter, and will do our utmost to send off the goods before the 20th, if possible. At any rate you can rely upon getting them at

> latest by that date.
> Apologizing for the inconvenience that the delay in dispatch has caused you,
> We remain, Yours faithfully,
> Stringer & Page.

　本状は，注文品の発送遅れの謝罪である。冒頭で受取レター（"In reply to yours ..."）に言及し，謝罪（"we ... regret ..."）している。本状では，これまでのビジネスレター特有の仰々しさ，冗長さは消えているが，レター受取表現["(yours of) yesterday's date,"] や末尾の "ING" 形（"Apologizing for ..."）など，まだ19世紀の名残りをとどめている。

　次は1910年代の例である。

2)　レター例（2）（Ⅱ.：p.134）

> Dear Sirs,
> 　Referring to your Order No. 347, we shall be glad to know if you can extend the time for delivery up to the 23rd June? We have had an awkward breakdown with our engine, and this has interfered with the work. Otherwise we should not have to ask your indulgence.
> 　Thanking you in anticipating of a favourable reply,
> We are, dear Sirs,
> Faithfully yours,

　本状は，相手の寛大な対応を求めているお願いの例である。冒頭から "Referring to your order ..." と，単刀直入に用件を説明し，当方の願いが受け入れられることを期待しながら，終えている。用件のみを簡潔に伝えているが，末尾に定型の "ING" 形（"Thanking ..."）が用いられている。

　次の2つのレターは，それぞれ1920年代のものである。

3) レター例 (3) (III.：p.96)

> 9th April, 19..
>
> Messrs. J. Davies & Co.,
> 　　　Birmingham.
> Dear Sirs,
> 　We are in receipt of your letter of yesterday's date and regret you are not able to accede to our wish and draw a bill for the amount of your account against us. We will forward cheque, as requested, on the 21st April.
> 　　　　　　　　　　　　　　Yours faithfully,
> 　　　　　　　　　　　　　　　Brown & Jones, Ltd.

　本状は，会社宛てのため，複数形の冒頭敬辞（"Dear Sirs,"）の後，用件（「小切手を発送する」）を伝えた簡単な例である。冒頭で，定型のレター受取表現［"(We are) in receipt of your letter …"］で始められ，用件説明後，結尾語（"Yours faithfully,"）で終えている。

4) レター例 (4) (IV.：p.93)

> 2nd July, 19..
>
> Mr. William Hartley,
> 　　　Ashton-under-Lyne.
> Dear Sir,
> 　It is with great regret that I learn from your letter of the 30th June, that a portion of my consignment of cigars is not to your satisfaction.
> 　I was away traveling and must ask you kindly to excuse the mistake of my forwarding clerk. …
> （用件）
> … I shall be pleased to make you a special allowance of 5%, and no doubt you would be able to find a customer for them.

> Trusting that you will accept my proposition, and that the mistake which has occurred will not defer you from placing your further orders with me,
>
>   I remain,
>
>   Yours faithfully,
>
>   Theophilus Stubbins.

　本状は，クレームに対する返事である。冒頭で，残念な通知表現["It is ... regret (that) ..."]に続き，受取レター["(I learn from) your letter ..."]に言及した後，用件を明らかにし，定型の結び"ING"形["Trusting (that) ..."]で終えている。

　一読してわかるように，両レターともかなり簡潔な現代風の書き方に近づいている。ただし，レター（3）には冒頭（書き出し）で，定型（旧式）のレター受取表現["(We are) in receipt of ..."]が，レター例（4）には末尾の"ING"表現（"Trusting ... I remain,"）が使用されており，まだ旧式な書き方が残っている。

　次は1935年代のものである。

5)　レター例（5）（V.：p.163）

>   14th April, 19..
>
> Hybla Sweets Ltd.,
> ...
> Dear Sirs,
> We thank you for your quotation of the 13th April, and for the sample tin so kindly sent us.
> As your products are quite up to our expectations, ...
> （用件）

> We have every reason to believe that this shipment will be successful, and we hope to entrust you with further business in the near future.
>
> Yours faithfully,
>
> Smith & Sons.

　本状は，注文の申込である。冒頭で見積と見本の送付に対する定型の感謝（"We thank you for ..."）から始め，用件を述べ，終えている。簡潔なビジネスレターである。

　以下のレターは，20世紀半ば以降のものである。

6) 　レター例（6）（Ⅵ.：p.115）

> Dear Sirs:
>
> 　We very much regret that it should have been necessary for you to send us your complaint of February 23.
>
> 　We have looked into the matter and find that the day was entirely due to an accident which occurred in our packing department, and which caused certain goods to suffer damage, ...
>
> （用件）
>
> 　The goods have now been sent by express carrier and should reach you within a few hours of this letter. We shall take the liberty of telephoning you at 12 noon tomorrow to verify this, and meantime we renew our regrets that you should have been inconvenienced.
>
> Yours faithfully,

　本状は，注文品未着のクレームに対する返事である。冒頭で謝罪［"We ... regret (that) ..."］し，やや冗長な説明に終始しているが，用件はわかりやすく，新しい書き方に近い。

　次の例は，取引先の指定した信用照会先への問合わせ状である。

7) レター例（7）（Ⅶ.：p.149）

> Gentlemen,
> 　We have received a request from the Twentieth Century Trading Company Ltd., 23, Endlington St., Halifax, to open an account with us. They have given us permission to make reference to you before we accept their proposition. In view of ...
> （用件）
> ... , if you have found from your experience that the Twentieth Trading Company is a reliable and sound company and if your business and financial dealing with them have been in every way satisfactory.
> 　　　　　　　　　　　　　　　　　　　　　Yours faithfully,
> 　　　　　　　　　　　　　　　　　　　　　James Prudent & Sons, Ltd.

　本状は，同業者に対する信用調査の依頼である。用件が簡潔に伝えられている。内容は，旧式の定型表現もなく，わかりやすい。

(2) 特　徴

　これまでのモデルレターの検討からわかるように，英国では，20世紀初期の頃はまだ19世紀的な書き方が尊重されている。冒頭での旧式のレター受取表現や末尾の"ING"形など，まだ定型表現が活用され，堅苦しい感じがする。
　20年代になると，公的機関の提言や現場の声として，従来の書き方は望ましくないと指摘されるようになったが，モデルレターには定型表現が依然として使用されている。
　やがて，30年代半ば（35年）頃を境に，それ以降のレターには，旧式な定型表現は消え，新しい現代風の書き方がその主流となっていったようである。
　このように，マニュアル上では，1930年代半ば頃が新しい傾向への転換時期といえるが，果たして実際の商人たちも同じ道をたどったのか，実際の商人レターを調べてみる。

4. 商人レター

　20世紀の商人・ビジネスマンが書いたレターはどのように変化しているか，その移り変わりを年代順に見ていく。ここでも，冒頭（書き出し）と末尾（結びの挨拶）を引用する。

（1）　レター例

　まず，初期の船の運航に関した内容のものを取り上げる。

1)　レター例（1）[6]

　　　　　　　　　　　　　　　　　　　　　　　　LIVERPOOL, 26th Novr. 1901

My dear Governor,

　　　　　　Your letter of 2nd came duly to hand and I thank you for your kind suggestion. I should be delighted if I could fall in with it, but it is not a good thing to have any kind of an arrangement as regards lighterage at Sekondi. We must arrange to have proper lighters and ...

（用件）

... We pay so much a year for the use of it and there is never any difficulty. I trust you will be able to make such an arrangement with the Manager of the Sekondi Lighterage Company,

　　　　　　　　Yours faithfully,

　　　　　　　　　　　　　　　　　　　　　　　　　　　　　　Alfred James

His Excellency,

　　　Major Matthew Nathan. C. M. G.

　　　　　　Government House,

　　　　　　　　　ACCRA.

194　第Ⅱ部　英文ビジネスレターの変遷

　本状は，公的レターに近い例である。冒頭の書き出しで受取レター（"Your letter"）に言及，感謝している。以後，用件を説明し，結んでいる。書き出しのレター受取表現（"Your letter ... came duly to hand"）とやや誇張した表現（"your kind suggestion"）を除くと，簡潔な書き方が採用されており，非常にわかりやすい。

　次は，フランスの業者からの引合に対する英国の業者からの返事で，1920年代のものである。

2)　レター例（2）[7]

Messrs. Lucille & Co.,
　　　Rue de la Mer, 25,
　　　　　Paris.
Gentlemen,
　We beg to thank you for your esteemed inquiry of the 18th inst.
　We are able to deliver our most recent type of motor engine, F.O.B. Southampton, at £250 (two hundred and fifty pounds) each.
　We should point out that ...
（用件）
　Assuring you that our services are always at your disposal, and trusting to be favoured with your order,
　　　　　　　　　　　　　Yours truly,
　　　　　　　　　　　　　For J. Henderson & Co., Ltd.,
　　　　　　　　　　　　　Henry Brooks.

　本状は，引合に対する返事（オファー）である。冒頭の書き出しで引合（"inquiry"）に感謝し，以後，用件を明らかにしている。内容はわかりやすい。感謝の際の誇張表現（"beg to thank you ..." "your esteemed inquiry"），日付（"the 18th inst."），末尾の"ING"形（"Assuring ... and trusting ..."）など，定型表現の活用から，依然，旧式のレター書式が維持されている。

次の例も同様に，英国の業者による返事である。

3) レター例 (3)[8]

London, 22nd Oct., 19..

Dear Sirs,

　In reply to your favour of the 15th inst., we have pleasure in enclosing herewith copy of our Price List, and would refer you to page 11 of same for our condition of sale.

（用件）

　Goods could be ready for shipment in a few days from receipt of order.

　Trusting to be favoured with your esteemed orders, which should be accompanied by remittance, or usual references,

　　　　　　　　　　　　　　　　　　　　　Yours faithfully,
　　　　　　　　　　　　　　　　　　　　　Philip Day & Co.,
　　　　　　　　　　　　　　　　　　　　　　James Day
　　　　　　　　　　　　　　　　　　　　　(*Managing Director*)

Messrs. Henry Miller Co.,
　　　Montreal

　本状は，定価表の送付案内である。冒頭の書き出しで受取レター（"favour"）に言及し，用件を伝えている。本状は，レター例（2）と同様にわかりやすいが，定型の誇張表現（"your favour" "your esteemed orders"）と日付（"the 15th inst."），末尾の"ING"形（"Trusting ..."）など，まだ旧式レターの特徴を備えている。

　両レター例（2）（3）とも冒頭（書き出し）と末尾（結びの挨拶）で，旧式とされる定型表現が用いられており，1920年代はまだ，新しい書き方への変化の兆しは見えない。

　次に，1930年代のレターを見てみる。

以下の例は，ロンドンの業者から日本の業者へ宛てた取引申込の返事である。

4)　レター例 (4)[9]

10th April, 1936.

The Tokyo Trading Co., Ltd.,
　　　Marunouchi, Kojimachi Ku,
　　　　　Tokyo.

Gentlemen,

　We are in possession of your letter of the 18th ult., and have also received a communication from our mutual friends, Messrs. Williams & Sons, of your city, by the same mail.

　We are favourably impressed by our friends' information concerning your firm, and are ready to enter into the business which you propose. As a trial we are sending you a consignment of ...

（用件）

　We are willing to allow you the extra 2 1/2 per cent. for del credere, as we, of course, could not risk any losses through bad debts.

　We trust the present consignment will reach you safely, and lead to a mutually profitable connection between us.

　　　　　　　　　　　　　　　　　　　　Yours very truly,
　　　　　　　　　　　　　　　　　　　　　Hay Robertson

SR: L

本状は，初めての取引相手への返事である。冒頭で受取レター ("your letter") に言及し，以後，用件を伝えている。レターの受取表現 ("in possession of")，日付 ("the 18th ult.")，レター代名詞 ("a communication") など，旧式とされる表現が見られるが，末尾は "ING" 形もなく簡潔に終えている。

　以下も同時代の例である。

5) レター例 (5)[10]

30th December, 1936.

Messrs. Samuel Smith & Sons,
 109-111 Oxford Street,
  London, W.1.
Dear Sirs,

Re: <u>2 cases Silk Goods</u>
<u>per s.s. "Columbia", Yokohama to London</u>

 We are in receipt of your letter of the 20th inst. and have pleasure in handing you herewith a cheque for £16 - 1 - 0 in settlement of your claim.

 The amount is made up as under:

  1 case slightly damaged by sea-water, with an allowance of 10%.

  1 case sound.

  Insured value; 2 cases at £300.

  1 case in proportion at £150,

（用件）

 We shall be glad to have your receipt in due course and remain

        Yours faithfully,

       THE BRITISH MAR. INS. CO., LTD.

         James & Harrison
          Secretary

JEH / FS

Cheque enclosed

　本状は，船積貨物に関する保険会社からの損害補填の知らせである。日常業務の連絡にもかかわらず，従来の取引で多用された定型表現（"in receipt of" "the 20th inst." "in due course"），末尾の定型（"We ... and remain / Yours faithfully,"）が採用されており，旧式レターの特徴を備えている（「/」は改行）。

　以下も1930年代の用船契約に関する知らせである。

6) レター例 (6)[11]

　　　　　　　　　　　　　　　　　　　　　　　　　　Liverpool.
　　　　　　　　　　　　　　　　　　　　　　　　　　9th June, 19 —

Messrs. Prince & Co.,
　　　Manchester.
Gentlemen,

　In reply to yours of the 6th inst., I have pleasure in advising you that I have succeeded in chartering a vessel on the conditions laid down by you. She is the three year old schooner "Swallow," Captain F. Wardley.

　As you will see from the enclosed charter party, ...

（用件）

　Requesting you to pass the usual £1% Commission on the freight to my credit, and always at your service,

　　　　　　　　　　　　　　　　　　　　　　I remain, Gentlemen,
　　　　　　　　　　　　　　　　　　　　　　　　Yours faithfully,
　　　　　　　　　　　　　　　　　　　　　　　　　　John Wilson.

　本状では，感情的（「喜び」）通知表現 ["(I have pleasure in) advising you (that) ..."] の後，用件を述べている。末尾は"ING"形で終えている。定型の受取レター表現（"yours of the 6th inst."），末尾の"ING"形（"Requesting ... , / I remain, Gentlemen, ..."）など，旧式のレター書式が残っている（「/」は改行）。

　また，下記の例も同時代の簡単な日常業務の船積通知である。

7) レター例 (7)[12]

　　　　　　　　　　　　　　　　　　　　　　　　　　29th June, 19..

Messrs. Wilkins & Co ,
　　　Lagos.
Dear Sirs,

> The Cargo of Agricultural Implements advised by ours of the 11th inst. was shipped from Liverpool on the 28th inst., by the Schooner "Swallow," F. Wardley, Captain, as per documents enclosed.
> Trusting the goods will reach you safely, we await your good news, and remain,
>
> Yours faithfully,
>
> Prince & Co.

　本状は，簡単な船積通知にもかかわらず，旧式表現（"ours of the 11th inst." "on the 28th inst." "as per" "Trusting ... , and remain,"）が多用されている。これは，発信者があまり新しい書き方というものを意識せず，これまでの書き方を真似てそのまま流用したためと思われる。

　一方，同時代にもかかわらず，以下のような現代風の例もある。

8)　レター例 (8)[13]

> 　　　　　　　　　　　　　　　　　　　　　　　20th December, 1936
>
> The British Marine Insurance Company, Ltd.,
> 　　　Leadenhall Street, E.C.3.
> Dear Sirs,
>
> 　　　　　　　　Re: <u>2 cases Silk Goods</u>
> 　　　　<u>per s.s. "Columbia", Yokohama to London</u>.
>
> 　We are holders of your policy No. 3601 issued by your Japanese office on the above shipment valued at £300.
> 　During the voyage the vessel encountered heavy weather and in consequence ... （用件）
> 　Kindly adjust the claim and hand us cheque in settlement at your early convenience.
>
> 　　　　　　　　　　　　　　　　　Yours very truly,
> 　　　　　　　　　　　　　　　　　SAMUEL SMITH & SONS

> Y. E. Blask
> Manager.
>
> GEB: EK
>
> Enclosures

本状は，保険求償の依頼で，用件を簡潔に伝えている。いわゆる旧式の定型表現は見られない。

以下も同様の保険金請求の例である。

9) レター例 (9)[14]

> 15th December, 1936.
>
> Messrs. R. Robertson & Co.,
> 　　Insurance Brokers,
> 　　　　25 Fleet Street, E.C.4.
>
> Dear Sirs,
>
> <u>S.S. "NEPTUNE"</u>
>
> 　With reference to the shipment of 8 cases Cigars per the above-named steamer, insured with Lloyd's through your goodselves, we regret that our Tokyo friends write us to the effect that 6 cases of this shipment were damaged by sea-water. ...
>
> （用件）
>
> ... , whose certificate we enclose together with Policy of Insurance.
>
> 　Kindly place this claim before the underwriters immediately so that we may be favoured with a prompt settlement, and oblige
>
> 　　　　　　　　　　　　　　　Yours faithfully,
> 　　　　　　　　　　　For JAMES C. HARRIS & CO., LTD.
> 　　　　　　　　　　　　　　　　H. Browns
>
> HB-LA
>
> Enclosures: Insurance Policy ...

本状は，レター例（8）と同様，簡潔に用件を伝えている。慣用句 "per" "goodselves" などの用法が見られるが，新しい書き方に近い。

上記の例から，1930年代は，依然として旧式な書き方に固執している商人・ビジネスマン［レター例（4）（5）（6）（7）］と，新しい書き方に目覚めた商人・ビジネスマン［レター例（8）（9）］とが混在していたように思われる。ちょうどこの頃が転換期といえるかもしれない。

1950年代になると，下記の2つの例に見られるように，同じ会社のものでも，発信者によって，時々，旧式とされる語句が散見されるが，旧式表現の使用例は極めて少ない。

10)　レター例（10）[15]

26th July, 1955
Our Ref.: EW 1005

Heiwa Trading Co., Ltd.,
　　Tokyo, Japan

<u>Your order No. HA-2700</u>

Dear Sirs,

　We acknowledge the receipt of your letter of the 19th July, 1955 and in response to your request have pleasure in advising you that shipment of this order has now been effected per s.s. "LAOMEDON" which closed at Birkenhead on the 20th inst.

　Arrangements have been made for direct shipment to Yokohama, and we attach for your information copy of our shipping specifications.

Yours faithfully,
Westwood Works, Ltd.
Sgd.

本状は，船積通知である。冒頭で受取レター［" (We acknowledge) ... the receipt of your letter ..."］に言及し，感情的（「喜び」）通知表現［" (We ... have pleasure in) advising you (that) …"] に続き，用件を伝えている。用件のみで終え，簡潔である。

11) レター例 (11)¹⁵⁾

17th August, 1955
Our Ref: EW 1005

Heiwa Trading Co., Ltd.,
　　　Tokyo, Japan
Dear Sirs,

<u>Your Order Number HA-2700</u>

　We enclose herewith parts lists and operating instructions, and also the record card, for the Model EW 18 Tractor Leader Serial No. LD. 1235 called for under your above order.

　We should be obliged if you would pass these manuals on to your customer as usual.

　Assuring you of our best attention at all times.

Yours faithfully,
Westwood Works, Ltd.
Sgd.

本状は，注文品にかかわる付属文書の送付案内（"We enclose …"）である。簡潔に用件を伝え，こちらからの要望 ["(We … obliged) if you … pass …"] もお願いしている。末尾は定型"ING"形（"Assuring …"）が採用されている。

上記レター例 (10) では，慣用句（"per""advising"）と日付（"the 20th inst."），レター例 (11) では，末尾の定型表現（"Assuring …"）などが見られるが，全体的なトーンは現代風である。

基本的には，下記の例のような現代風の書き方が一般的となっている。

12)　レター例（12）[17]

9th June, 1955

Heiwa Trading Co., Ltd.
　　3-2, Ginza, Chuo-ku,
　　　　Tokyo, Japan.

Dear Sirs,

<u>Subject: Your order HA-2700</u>

　We were pleased to receive your above order dated the 1st June, 1955 for one model EW 18 Tractor with spare parts in accordance with the list attached to your order, and these instructions have been entered under our reference EW 1005.

　It is noted that confirmation of the order will be given by establishment ...
（用件）
... , we would not anticipate any difficulty in effecting shipment about the middle of July, 1955 so that it may be received on the site in Japan during September.

　Meantime we assure you that these instructions will receive our best attention.

　　　　　　　　　　　　　　　　　　Yours faithfully,
　　　　　　　　　　　　　　　　　　Westwood Works, Ltd.
　　　　　　　　　　　　　　　　　　Sgd.
　　　　　　　　　　　　　　　　　　Managing Director

　本状は，注文の請書（確認）である。冒頭で，注文書の受取［"(We were pleased to) receive your above order ..."］を明らかにし，以後，用件を知らせている。本状では，旧式とされる定型表現は使用されておらず，現代風の書き方に近い。

（2）　特　　徴

　以上の比較・検討からわかるように，レターの書き方，スタイルに関して，商人レターでもモデルレターと同様に，1935年頃が変化の転換時期であった。

しかしながら，実際の商人レターでは，1935年を境にすぐに変化したわけではなく，1930年代は新旧レターが混在していた［旧式レター例 (4) (5) (6) (7)，現代風レター例 (8) (9)］。そして，1940年代の不幸な出来事（戦争）を経て1950年代になって，新しい書き方，スタイルが主流となっていった［レター例 (10) (11) (12)］。もちろん，商人・ビジネスマンが実際に書いたレターには，発信者の好み，クセにより，時々定型表現が見られるが，傾向的にはほぼ現代風の新しい書き方，スタイルが採用されている。いわゆる旧式の陳腐な定型表現・ジャーゴンは1930年代半ば以降，40年代，50年代とゆっくりと時間をかけながら徐々に消えていったようである。

5. まとめ―20世紀の特徴―

ビジネスレターは，別段特殊なものではなく，日常の言葉で書かれる一般的なレターと同じである，とマニュアル［(II) (IV) (VII)］で強調されているように，受信者の理解を第一に「わかりやすく簡潔に書く」ことが必要である。ただ，そのような書き方の基本を妨げるのが，陳腐な定型表現・ジャーゴンであり，20世紀はまさに，旧式な書き方から新しい現代風の書き方へと転換する時期であった。

20世紀のマニュアルの説明・解説から明らかなように，英国では，1910年代は，まだ19世紀的な書き方が尊重され，旧式の定型表現がそのまま活用されている。20年代になると，公的機関の提言，実業界の声などから，従来の定型表現を使うべきではないと強く意識するようになったが，実際のレターにはまだ旧式の定型表現が見受けられる。

やがて30年代になると，まさに「"new wine"を入れる"new bottle"の必要性」(V) が認識され，ここにきて初めて，旧式の定型表現が姿を消し，新しい書式が取り入れられるようになった。いわゆる現代の標準となるレター形式が出現したといえる。

同じことが，約20年という時間のズレはあるが，実際にレターを書いていた商人・ビジネスマンたちにも当てはまる。彼らが書いたレターは，20世紀初頭には19世紀の影響を引き継いでいたが，1930年代になると，新しい傾向の書き方が見られるようになった。同時に，従来の書き方を踏襲したレターも見られた。新旧混在の時期であった。その後，不幸な戦争を経て1950年頃になると，時々ビジネスレター特有の定型語句を活用した旧式レターも見られたが，傾向的には徐々に新しい書き方，スタイルへと移っていったように思われる。

　このように，「わかりやすさ，簡潔性」を妨げていた伝統的な書き方が改められ，新しい現代風の書き方，スタイルへと変化していったのは，マニュアル上では1930年半ば頃，実際の商取引・ビジネスの現場では1950年以降，と推定できる。

（注）
1) Carl A. Naether, *The Business Letter: Principles and Problems*, 3rd edition, Dubuque, Iowa: WM. C. Brown Company, 1952, p.738.
2) *Ibid.*, p.695.
3) Frederik Hooper and James Graham, *The Beginner's Guide to OFFICE WORK*, 1898, pp.58-64.
4) Naether, *op. cit.,* p.743.
5) 本章で参考にしたマニュアルは以下の通りである。なお，本章における下記マニュアルからの引用の場合は，マニュアル番号（I. II. ……）を活用・表記する。
    I. John King Grebby, *Modern Commercial Correspondence*, 1951.
    II. W. J. Weston, *Guide to Commercial Correspondence and Business Composition*, 1950.
    III. Fred Hall, *First Step In Business Letter Writing*, 1956.
    IV. James Stephenson, *Principles and Practice of Commercial Correspondence*, 1952.
    V. Roland Fry, *Manual of Commercial Correspondence*, 1954.
    VI. F. Addington Symonds, *Teach Yourself Commercial Correspondence*, 1952.
    VII. Gordon S. Humphreys, *The Teach Yourself Letter Writer*, 1954.
6) 個人ファイル（Correspondence between Alfred James and Matthew Nathan:

1900-1903)。
7) 前田定之助『分り易い商業英語』有精堂書店, 1928年, 455-456ページ。
8) 同上, 472ページ。
9) 光井武八郎『英語商業通信文』北星堂書店, 1950年, 242-243ページ。
10) 同上, 572ページ。
11) 山崎宗直編『英米名著英語商業学及商業英語概論』有朋堂, 1937年, 265ページ。
12) 同上, 267ページ。
13) 光井, 前掲書, 571ページ。
14) 同上, 574ページ。
15) 篠原新次郎『商業英語』敬文堂, 1955年, 143ページ。
16) 同上, 147ページ。
17) 同上, 137ページ。

終章　英文ビジネスレターの発達とマニュアルの関係

　本章では，まず，良き商用（ビジネス）レターを書くための指針となったマニュアルの説明・解説を振り返り，商人レターの書き方，スタイルの変化をたどる。次に，商人レターとマニュアルの関連性に言及する。

　本章では，説明の便宜上，商用（ビジネス）レターを世紀ごとに区分しているが，レターの書き方，スタイルは，世紀の変わり目ごとに変化するのではなく，代々，経営を引き継いだり，独立した商人・ビジネスマンたちが必要に応じて，状況にふさわしい書き方，スタイルを採用していったのである。言い換えると，商取引・ビジネスは継続しており，いわゆる商用（ビジネス）レターの書き方も代々受け継がれ，たとえ世紀が変わっても，レターの書き方に大きな変化が見られるものではない。

　この継続性を認識したうえで，あえて時代ごとの商用（ビジネス）レターの特徴を明らかにしてみる。

1．英文ビジネスレターの変化

　16世紀から20世紀と長い年月を経たわりには，商用（ビジネス）レターの変化は非常に緩慢であった。例えば，

　　「ビジネスレターの書き方の歴史を調査・研究している人は誰でもすぐに，ビジネスレターの発展を特徴づけているその遅さに気づく。言語（表現）と形式の両分野において，特に後者の形式の点において，長い年月を経て作られた変化は緩やかである」[1)]

というナエザー（C. A. Naether）教授の指摘を待つまでもなく，商用（ビジネ

ス）レターの変化は，商人・ビジネスマンの保守性にも助けられて，ゆっくりと徐々にしか進んでいない。そのわずかな変化を，以下，年代ごとにまとめてみる。

（1） 16世紀

16世紀の特徴として，次の2点が挙げられる。

① 仰々しい「挨拶」表現の採用

レターの書き方，スタイルに関して，当時（16世紀）のマニュアル *Directions for Speech and Style* では，「簡潔，明瞭，平易，敬意」の4点に留意して書くように指示してある[2]が，実際の商人レターでは，冒頭と末尾に仰々しい挨拶が見られ，必ずしもマニュアルの教え通りではない。それはなぜなのか。当時の商人たちがレターを書く時に，これまでの dictamen（＝書簡文作法）の書き方を意識し，その影響を受けたことは十分予想できるが，それ以外に次のような理由が考えられる。

1つは，引用されたレターが遠距離間通信のケースということである。つまり，レターの当事者（発信者，受信者）同士が長い間離れ離れになり，しかも，移動に際して，必ずしも安全（無事に到着すること）が保障されているわけではない。船で移動する相手に対して，お互いの安否や健康を気遣う思いやりと家族（親族）同様の親密な関係から，用件（ビジネス）とは無関係な挨拶やご機嫌伺いが行われることは自然なことである。

もう1つは，マニュアル *The Enimie of Idlenesse* に指摘してある発信者と受信者の関係の重視である。発信者は，レターを書く時には常に，「受信者の社会的地位（階級）を意識」しなければならず，「相手を敬う気持ち」が求められる[3]。そのため，神への奉仕・敬意を示す，あるいは相手を尊重する気持ちの表れである「仰々しい挨拶」が，レターの冒頭と末尾に多用されるようになったのは当然のことかもしれない。

② 定型表現（「冒頭敬辞」と「結尾語」）の活用

　レター形式の観点から，実際の商人レターを見ると，レターとしての体裁を整えるのに必要な冒頭敬辞と結尾語の定型が活用されている。しかも，相手の地位にふさわしい修飾語句や表現が適格に用いられている。明らかに，当時の商人がマニュアルを利用していたことを示唆している。

　例えば，商人は，マニュアル *A Panoplie of Epistles* の表現例[4]を参考に，冒頭の挨拶の修飾語として，上司に対しては，"Right honourable" "Right worshipfull（worshipful）" など，親しい人には，"welbeloved（well-beloved）" "Worshipfull（Worshipful）" "Reverend" などを，また結尾語では，マニュアル *The Enimie of Idlenesse* を参考に[5]，上位者に対しては "Yours to command"，同位者へは "Yours assured"，下位者には "By yours" など，相手に失礼のない最適な表現を選択することができたはずである。

　このように，当時はレターという間接的な手段を介しているが，通信・連絡の本質は，両者（発信者，受信者）が目の前にいるかのように対話することであった。そのため，通信文（レター）といえども，冒頭の書き出しに，あたかも初めて対面しているかのような相手へのご機嫌伺いの挨拶が必要と思われた。また，用件の説明を終えた後には，相手がわざわざレターに目を通し，内容を理解してくれたことに対する感謝の気持ちを表すための最後の別れの挨拶（感謝の言葉）が求められたのも当然のことであろう。

　さらに，当時，強調されていた「受信者の身分を意識した書き方」の教えに従い，発信者は，受信者を常に奉らなければならないという考えを尊重し，やや大げさな挨拶を採用したのもその一因であろう。

(2)　17世紀

　17世紀の特徴は，次の2点にまとめられる。

① 「レター書式」の確立

　当時のレター例からわかるように，外見（形式）上，17世紀の商人レターには，現代風の書式とほぼ同じ様式が採用されている。明らかに当時の商人たちは，レターとしての一定の書式を認知，活用していたように思われる。

　例えば，レターの最初の部分では，冒頭敬辞で始まり，レター本文の書き出しでは，特に返信の場合は，受取レターに言及し，用件の説明を行っている。末尾では，簡潔な結びの挨拶，結尾語・署名で終えているなど，現代風に近い。

② 簡潔な冒頭（書き出し）と末尾の採用

　17世紀の商人レターは，レターの書き方に関して，17世紀半ばの人気の高かったマニュアル *The Secretary in Fashion* の教えに従い，まさに「一番適した話題を選び，それを簡潔に，平易な言葉で書く」[6]ことが必要であった。

　実際，商人レターでは，冒頭の形式的な仰々しい挨拶は徐々に消え，比較的簡潔な挨拶が採用されている。時には，その挨拶さえも省かれ，相手への呼びかけである冒頭敬辞で始まり，以後，本文では，単刀直入に用件の説明がなされることもあった。

　また，末尾に関しては，前世紀の大げさな挨拶の代わりに，「これにて終わり（以上）」「返事を待つ」などと簡単に述べ，最後に結尾語・署名で結んでいる。さらに，実際の商人レターでは，「追伸」が頻繁に活用されている。さすがにモデルレターでの活用例は見られなかったが，商人たちの間では一種の流行のように活用されていたようである。当然，相手の注意を促すという効果を意図していたと思われるが，当時の郵便事情も考慮に入れなければならない。当時はまだ，レターの受発信が確実ではなく，商人たちもそれほど頻繁にレターを活用してはいなかったと思われる。そのため，商人たちは，1つのレターになるべく多くの情報を，しかも，レターを書き終えた直後の最新のニュースを知らせようと試みたためと思われる。

　さらに，17世紀も前世紀と同様，相手を敬う書き方が重視されている。当

時のユニークな教えは,「間隔（スペース）の活用」である。一見して,冒頭や末尾での間隔が大きければ大きいほど,尊敬の度合いが大きいことを意味する。相手に対して尊敬の気持ちを示す簡単な方法である。このような形式重視の書き方を勧める一方,レター本文の仰々しさは影を潜めている。

(3) 18世紀

18世紀の特徴として,以下の2点が指摘できる。

① レターへの言及表現―"favour"の活用

前世紀の「レター書式」の体裁をそのまま採用した18世紀の商人レターでは,冒頭で,レターの受取に言及する方法が多用された。その際,受取レターを"your letter"あるいは"yours"ではなく"(your) favour"と表現する例が多数見られた。この表現は,同じ時期に発行されたマニュアル *Epistolae Commerciales, or Commercial Letters, in Five Languages, viz. Italian, English, French, Spanish, and Portuguese* のレター例[7]にも散見され,当時としては,一般的な表現であったことが窺われる。

② 末尾の定型表現―"ING"形の活用

18世紀の商人レターでは,レターの末尾（結びの挨拶）に"ING"形が多用されている。それはなぜなのか。この用法の使用例は古く,すでに16世紀のマニュアル *The English Secretary* や17世紀のマニュアル *A Flying Post, The Young Secretary's Guide, Or A Speedy Help to Learning* などの例文にも採用されている[8]。あえてこの理由を探ると,マニュアルの影響というよりは「相手を敬う」方法の変化によるものと思われる。前世紀のような仰々しい挨拶を用いるのではなく,簡潔に「敬う気持ち」を表す表現の採用である。ナエザー教授の指摘のように[9],分詞構文表現の「親しみ・敬意のトーン」が尊重されるようになり,結果的に,このような工夫が"ING"形の多用に結びついたのだろう。

このように，18世紀では，17世紀の傾向を引き継ぎながらも，冒頭，末尾の挨拶は不要とされ，当然ではあるが，用件の伝達に工夫が凝らされていた。商人たちは，当時，人気の高かったマニュアル *Youth's Introduction to Trade and Business* で指示された「会話の場合と同様，短く，親しみ深く，整然と，意味を明白にする」に従い，また，同じく，*The Universal Letter-Writer, or New Art of Polite Correspondence* の教え，「主題（テーマ）を十分斟酌し，明瞭，簡潔に……（そうすれば）人前で話をすることと同じように容易になる」に従い，仰々しい表現の使用は控え，やさしく，わかりやすく書くことを心がけていたようである。

それにもかかわらず，現代では否定されているビジネスレター特有の定型表現・用法が頻繁に活用されている。多くの商人は，徐々に，レターでの交信が多くなるにつれ，同じような表現を一種の専門用語として尊重するようになっていった。その結果，彼らは，このようなビジネスレター特有の定型表現を活用することにより，自分たちの職業意識が満足させられると同時に，時間の節約にもなる便利な表現であると認識していったのであろう。

(4) 19世紀

19世紀になると，レターとしての形式の重視と用件伝達の正確性が強調されるようになった。その特徴は，次の2点である。

① 「冒頭敬辞」の単数・複数形の活用

19世紀になると，冒頭敬辞の単数形，複数形の使い分けなど，一定の規則に則ったスタイルが採用されている。例えば，当時の商人・ビジネスマンが実際に活用したレターでは，個人宛ての場合は単数形（"Sir"）を用い，会社宛ての場合は複数形（"Gentlemen" "Dear Sirs"）を用いるなど，明確に使い分けられている。

マニュアルのモデルレター上ではすでに，特に17世紀以降，冒頭敬辞は多

用されているが，その用法に関しての説明・解説はされていない。また，商人レターでも定期的に使用されており，当時は，おそらく，慣習的に活用されていたのであろう。

　やがて，19 世紀後半のマニュアル *The Beginner's Guide to OFFICE WORK* では，冒頭敬辞の単数形，複数形の使用に関して，具体的な指示が出されている。例えば，個人宛ての場合は"Dear Sir""Dear Madam"，企業宛ての場合は"Gentlemen""Dear Sirs"，銀行（"the manager"）宛ての場合は"Dear Sir"など，わかりやすい説明がなされている[10]。商人・ビジネスマンもマニュアルから学ぶことができたはずである。

② 正確な記述

　19 世紀のマニュアルでは，内容（用件）の書き方に関しては，ビジネス全般の知識だけではなく，状況にふさわしい書き方が強調されている。特に，レターの「記録を残す＝法的な証拠書類」という機能が重視されており，商人・ビジネスマンもこの説明を参考に，後日のトラブルを避けた正確な記述を心がけている。相手に誤解を与えないように，少々冗長な説明になっても，相手の理解を助けるための正確性が優先されたのである。

　この正確性の重視のためか，19 世紀の商人レターでは，依然として，ビジネス特有の定型表現が活用されており，便利な表現として重宝されていたようである。例えば，末尾では，"ING"形が多用され，前世紀との大きな違いはない。

　さらに，19 世紀の特徴として顕著なことは，マニュアルの著者たちと商人・ビジネスマンたちとの連携・関連性である。従来は，商人・ビジネスマンが読者として，マニュアルを（一方的に）参考・活用していたという，どちらかというと受動的な立場にすぎなかったはずである。しかし，19 世紀では，両者が相互補完的な関係を保っていたように思われる。実際，マニュアルの著者たちは，商人・ビジネスマンたちがレターで用いた語句・表現をマニュアルに数

多く引用・採用している。

例えば（「/」は改行），結尾語として，当時の商人レターでは，"I remain, / Gentlemen, / Your Most Obedient Hble. (Humble)/ Servant"（1825年）が使用されていた。そして，少し遅れて店頭に並んだマニュアルのモデルレターでも，例えば，1836年発行のマニュル *Practical Mercantile Correspondence* では，"I remain, most truly, Sir, your obedient servant," "We remain, Sir, your devoted and obedient servants," など，また，1841年発行のマニュアル *The Commercial Letter Writer* では，"I am, Sir, your most obedient servant,"（1838年）など，同じような表現，用法が散見された。

同様に，商人たちは，"Yours very faithfully" "yours very truly" なども活用していたが，このような定型の結尾語は，19世紀半ばのマニュアル *English Commercial Correspondence* にも例示されている[11]。

おそらく，19世紀のマニュアルの著者，アンダーソン（William Anderson）が「多くの資料の中から……レターを厳選した」と，また，シモンズ（P. L. Simmonds）は「大量の通信文の中から……真正レターを選んだ」と述べているように，当時のマニュアルの作成に携わった著者たちは，現実の取引の場で用いられた商人レターを参考にし，現場で実際に活用されている語句・表現などの積極的な活用を試みたのであろう。

(5) 20世紀

20世紀になると，まさに現代風の書き方が求められている。ビジネスレターといえども一般的なレターと変わらず，日常の表現を活用すればよいのである。商人・ビジネスマンは，当時のマニュアル *Guide to Commercial Correspondence and Business Composition* で指摘された「ビジネスの言語は英語である。良い英語と良いビジネスレターの書き方との間には何ら違いはない」，また，*Teach Yourself Commercial Correspondence* の指示，「いわゆる商用スタイルのレターの書き方というものは存在しない」など，マニュアルの教えに従

い，気楽に，普通に書けばよかったのである。

　ただ，現実の商人レターを比較，検討してみると，商人・ビジネスマンたちは，レターを書く時に，おそらく，日常の言葉で書くべき，と頭の中では理解していたことだろう。しかしながら，彼らは，普段使っている一般的な語句を，実際のレターに使うことにはためらい，目の前のレターへの採用には，ある程度の猶予期間が必要だったようである。

　このように，20世紀のマニュアルでは，ビジネスレターの書き方に関する指示は，受信者の理解を第一に，日常の表現を用い，「わかりやすく，簡潔に書く」ことが共通の教え（基本）となっている。その基本を妨げるものが陳腐な決まり文句・ビジネスジャーゴンといわれる伝統的な旧式レターの定型表現なのである。

　第5章で述べたように，20世紀は，従来の旧式レターの書き方から新しい現代の書き方へと移行する時期であり，それがいつ始まったのか，その時期を明らかにするのが課題であった。

　英国では，1910年代はまだ19世紀的な書き方が尊重され，旧式の定型表現がそのまま活用されている。20年代になると，公的機関の提言，実業界の声などから，従来の定型表現を使うべきではないと，商人・ビジネスマンたちは強く意識するようになったが，実際の商人レターでは，まだ旧式の定型表現が見受けられる。やがて，30年代になると，フライ（Roland Fry）が主張しているように，まさに「新しいワイン（"new wine"）のための新しい入れ物・ビン（"new bottles"）が必要」のたとえの通り，ここに，初めて，旧式の定型表現が姿を消し，新しい表現・書式が取り入れられるようになった。いわゆる現代の標準となるレター書式が出現したといえる。こうして20世紀半ばには，時々，旧式の略語などが散見されるが，現代の我々が書いているようなビジネスレターとほぼ同じものが主流となっていったはずである。

2. 商人レターとマニュアルの関連性

　これまでの商人レターの特徴から明らかなように，レターの基本となる構成要素・項目については，当然のことかもしれないが，商人はマニュアルの教えに従っている。例えば，16世紀の冒頭敬辞と結尾語の定型表現の活用，17世紀の単刀直入の書き出しを意識した，直近の受取レターへの言及とその表現（"yours"）の活用，さらには，18世紀のレター表現・代名詞（"favour"）の多用，末尾の挨拶 "ING" 形の活用など，マニュアルの指示通りの用法が多々見られる。

　逆に，商人がマニュアルの指示に従わなかった項目，時期もある。1つは，16世紀初期の，レターの冒頭，末尾における「仰々しい挨拶」の採用である。マニュアルでは，当初から「簡潔に書くべき」と教えてあり，このような挨拶はその教えに反する。商人は，なぜ，マニュアルの指示に従わなかったのであろうか。おそらく，15世紀のレターに見られるように，dictamen の影響が考えられる。いわゆる dictamen 式のレターは，仰々しい挨拶で始まり，仰々しい挨拶で終わるのが一般的であった。当然，16世紀の商人たちも，dictamen の影響を受けた先輩の書き方を手本にしたはずである。

　また，交通手段の影響も見逃せない。当時の遠距離移動は船が中心で，航海時間は長く，安全性も不確かであった。そのような不安定な状況を考えると，業務上の連絡とはいえ，取引（ビジネス）に必要な事項（用件）のみを記すというドライな書き方にはやや抵抗があったと思われる。レターという間接的な手段を介してはいるが，発信者も受信者も久しぶりに会った親戚・友人同士の会話と同じ気持ちを持っていたのではなかろうか。いみじくも16世紀のマニュアルに指摘してあるように，レターの役割は，「あたかも目の前にいるかのように」「心と心の触れ合い」「友情を深める」ための手段であったことからも，丁寧な挨拶が必要とされたのは当然のことかもしれない。

　ただ，このような考え方，傾向も徐々に見直されるようになり，17世紀後

半から18世紀になると，商人たちは，マニュアルの教えに従い，冒頭の挨拶なしに，単刀直入に用件を説明し，終わりの挨拶もなく，結尾語・署名で簡潔に終える方式を採用するようになった。

　もう1つは，20世紀前半まで続いたレター独特の，旧式とされる定型表現の使用である。長い間，慣習的に用いられてきた語句・表現を，たとえマニュアル上では望ましくないと指摘してあっても，商人たちが，これまでの定型表現を尊重した書き方を簡単に変えることは容易なことではなかった。特に英国では，米国よりも保守的で伝統を大切にする傾向が強く，20世紀初期のマニュアル上での教えにもかかわらず，旧式とされる書き方との決別は困難であった。

　英国での実質的な変更に関しては，1935年発行のマニュアル *Manual of Commercial Correspondence* で，著者フライは，新しい皮袋の必要性にたとえ（"new wine demands new bottles"），現代に適した機能的な新しい書式の採用を勧めている[12]。

　米国に遅れること約50年，英国では，1930年代半ばになってやっと，現代風のレターの書き方が採用されるようになったはずである。

　商取引・ビジネスで，レターを介して頻繁に交信した商人・ビジネスマンが，マニュアルを実際に手に取り，どのように活用・参考にしたかの確固たる事実関係（証拠）を特定することは困難であった。しかし，交信された商人レターには，非常に緩慢ではあるが，各時代特有の書き方や変化が認められ，その時代を生きてきた商人・ビジネスマンたちが，その時にふさわしい書き方をしていたことが窺える。そのことはまた，一部マニュアルの教えに沿った書き方でもあった。言い換えると，商人・ビジネスマンたちは，レターの作成に際し，マニュアルを参考・活用したことが十分予想される。

　同時に，商人・ビジネスマンたちもまた，自分たちが参考にしていたマニュアルの内容に関して，知らず知らずのうちに，マニュアルの実用性・有用性という点において，それなりに寄与していたようである。例えば，16世紀の人

気を博したマニュアル *The English Secretary* の著者，デイ（Angel Day）は，自著の中で，ビジネスレター採用（挿入）に際し，実用例を引用したマニュアル *The Marchants Avizo*（1589-1640）のモデルレターを参考にしたと述べている[13]。

また，18世紀のマニュアルの著者，ワイズマン（Charles Wiseman）は，「本書で使用されているレターはすべて，ヨーロッパの著名な商人のファイルにあったオリジナルレターを厳選し，地名や名前を変えて引用したものである」[14]と実用性を強調している。

さらに，19世紀のアンダーソンは，「多くの資料の中から，見本として最もふさわしいレターを厳選した」[15]，同じく，シモンズも，「商用レターの，より実態に即した見本を提供するために，大量の通信文の中から種々の真正レターを選んだ」[16]と言明しているように，マニュアルの著者たちは，その出版（改訂）に際し，より臨場感をもたせるために，実際に商取引・ビジネスに従事していた商人・ビジネスマンが書いたレターを参考にし，時には利用していたことが推測される。

上記のことから，マニュアルの著者たちと商人・ビジネスマンたちが，より実態に即した（充実した）内容のマニュアルの作成のために，結果的ではあるが，無意識のうちに，お互いに協力していたことが明らかになった。このような，いわゆる両者の協働作業のおかげで，多くのロングセラー，ベストセラーのマニュアルが世に出，多くの人々の「レターの書き方」の技術習得に貢献したことは事実であろう。

（注）
1) Carl A. Naether, *The Business Letter, Principle and Problems,* 3rd edition, WM. C. Brown Company, 1952, p.692.
2) Hoyt H. Hudson (ed.), *Directions for Speech and Style by John Hoskins*, Princeton: Princeton Press, 1935, pp.6-8.
3) William Fulwood, *The Enimie of Idlenesse*, 1621, pp.3-7.

4) Abraham Fleming, *A Panoplie of Epistles*, 1576, "An Epitome of Precepts".
5) Fulwood, *op. cit.,* pp.4-5.
6) John Massinger, *The Secretary in Fashion*, 1654, "Instructions for Writing of Letters".
7) Charles Wiseman, *Epistolae Commerciales, or Commercial Letters, in Five Languages, viz. Italian, English, French, Spanish, and Portuguese*, 1779, のレター例を参照。例えば（下線部），"IN answer to your most esteemed favour of the 23d instant,"（p.12）"YOUR last most esteemed favour of the 7th instant,"（p.22）などがある。
8) 例えば，末尾（結びの挨拶）の"ING"形（下線部）として，下記の例が挙げられている。
    "Finding my selfe manie ways be holding unto your exceeding courtesies, I ende."（*The English Secretary*）
    "... , thus Sir trusting them to the protection of the Almighty, and the Mercy of the Seas, I rest"（*A Flying Post*）
    "Wherefore taking leave at present, I remain, Sir,"
    （*The Young Secretary's Guide, Or A Speedy Help to Learning*）
9) Naether, *op. cit.*, p.695.
10) Frederick Hooper and James Graham, *The Beginner's Guide to OFFICE WORK*, 1898, pp.58-64.
11) T. S. William and P. L. Simmonds, *English Commercial Correspondence*, 1864, Preface.
12) Roland Fry, *Manual of Commercial Correspondence*, 1954, 序文（p.v.）.
13) デイ（Angel Day）は，レター文の作成時に，*The Marchants Avizo* を参考にした，と次のように述べている（*The English Secretary*, 1599, p.62）。
    "In the writing of this last Letter, there was shewed mee by the Printer, a booke called the Marchants Aviso, helping, and in mine opinion most fully & amplie suffizing to this instruction."
14) Wiseman, *op. cit.*, p.302.
15) William Anderson, *Practical Mercantile Correspondence*, 1836, p.ix.
16) P. L. Simmonds, *The Commercial Letter Writer*, 1866, p.iii.

参考文献

——和文——

稲津一芳『英語通信文の歴史』同文舘出版，2001年。
今井宏編『イギリス史2─近世─』山川出版社，1990年。
グルーム，バーナード（岡本庄三郎訳）『英語発達史』綜芸舎，1978年。
トレヴェリアン，G. M.（大野真弓監訳）『イギリス史1』（株）創元社，1999年。
ブラッセル，ブリュノ（荒俣宏監修，木村恵一訳）『本の歴史』創元社，1999年。

——欧文——

1）本書の対象マニュアル

—16世紀：

    I.   William Fulwood, *The Enimie of Idlenesse*, 1621.
    II. Abraham Fleming, *A Panoplie of Epistles*, 1576.
   III. Angel Day, *The English Secretary*, 1599.
   IV. John Browne, *The Marchants Avizo*, 1589.
    V. Hoyt H. Hudson (ed.), *Directions for Speech and Style by John Hoskins*, 1935.

—17世紀：

    I.   Nicholas Breton, *A Poste with a Packet of Madde Letters*, 1609.
    II. M. R., *A President for Young Pen-men, or The Letter Writer*, 1638.
   III. Gervase Markham, *Conceited Letters Newly Layde Open, etc.* 1632.
   IV. I. W. Gent., *A Speedie Poste*, 1629.
    V. John Massinger, *The Secretary in Fashion*, 1654.
   VI. Philomusus, *The Academy of Complements*, 1640.
  VII. Edward Philips, *The Mysteries of Love & Eloquence*, 1658.

- VIII. W. P., *A Flying Post*, 1678.
- IX. John Hill, *The Young Secretary's Guide, Or A Speedy Help to Learning*, 1696.
- X. John Hawkins, *The English School-master Compleated*, 1692.
- XI. T. Goodman, Esq., *The Experienced Secretary, Or Citizen's and Countryman's Companion*, 1699.

―18 世紀：

- I. Martin Clare, *Youth's Introduction to Trade and Business*, 1769.
- II. Samuel Richardson, *Letters Written To and For Particular Friends, On the most Important Occasions*, 1746.
- III. Thomas Cooke, *The Universal Letter-Writer, or New Art of Polite Correspondence*, 1771?
- IV. Charles Wiseman, *Epistolae Commerciales, or Commercial Letters, in Five Languages, viz. Italian, English, French, Spanish, and Portuguese*, 1779.

―19 世紀：

- I. William Anderson, *Practical Mercantile Correspondence*, 1836.
- II. R. C. Austin, *The Commercial Letter Writer*, 1841.
- III. T. S. Williams and P. L. Simmonds, *English Commercial Correspondence*, 1864.
- IV. P. L. Simmonds, *The Commercial Letter Writer*, 1866.
- V. Frederick Hooper and James Graham, *The Beginner's Guide to OFFICE WORK*, 1898.

―20 世紀：

- I. John King Grebby, *Modern Commercial Correspondence*, 1951.
- II. W. J. Weston, *Guide to Commercial Correspondence and Business Composition*, 1950.
- III. Fred Hall, *First Step In Business Letter Writing*, 1956.

IV.　James Stephenson, *Principles and Practice of Commercial Correspondence*, 1952.
　　　V.　Roland Fry, *Manual of Commercial Correspondence*, 1954.
　　　VI.　F. Addington Symonds, *Teach Yourself Commercial Correspondence*, 1952.
　　　VII.　Gordon S. Humphreys, *The Teach Yourself Letter Writer*, 1954.

2) その他

［Anon.］*The Accomplish'd Merchant*, London, n.d.
Ayres, John, *A Tutor to Penmanship*, 1698.
Bannet, Tavor, *Empire of Letters*, Cambridge University Press, 2009.
Baugh, Albert C., *A History of The English Language*, 2nd edition, New York: Appeleton-Century-Crofts, Inc., 1963.
Buchanan, John, *The British Grammar*, London, 1762.
Campbell, Robert, *The London Tradesman,* London, 1747.
Chute, Shirley Bell, "The Evolution of Business Letter Writing," doctoral dissertation (University of Pittsburgh), 1978.
Davis, Norman (ed.), *The Paston Letters*, Oxford: Oxford University Press, rpt. 1991.
Hanham, Alison (ed.), *The Cely Letters 1472-1488*, Early English Text Society, No. 273, London: Oxford University Press, 1975.
Haskins, Charles Homer, *The Renaissance of the Twelfth Century*, Cambridge, Mass.: Harvard University Press, 1971.（別宮貞徳・朝倉文市訳『十二世紀ルネサンス』みすず書房，1989年。）
Hildebrandt, Herbert W., "A 16th Century Work on Communication: Precursor of Modern Business Communication," *Studies in the History of Business Writing*, 1985.
Hogg, Henry, *The New and Complete Universal Letter-Writer or Whole Art of Polite Correspondence*, London: Hogg, 1790?
Hoskins, John, *Directions for Speech and Style*, Princeton: Princeton University Press, 1935.
Kirby, J. L. (ed.), *Calendar of Signet Letters of Henry IV and Henry V (1399-1422)*, London: Her Majesty's Stationary Office, 1978.
Knox, Vicesimus, *Elegant Epistles, being a copious Collection of Familiar and Amusing Letters for the Improvement of Young persons and for general entertainment*, Dublin, 1983.

McGrath, Patrick (ed.), *The Marchants Aviso*, (by John Browne), Cambridge, Mass.: Harvard University Printing Office, 1957.

Naether, Carl A., *The Business Letter, Principles and Problems*, 3rd edition, Dubuque, Iowa: WM. C. Brown Company, 1952.

Paetow, Louis John, *The Arts Course at Medieval Universities With Special Reference To Grammar and Rhetoric*, Printed from the University Studies of the University of Illinois, Vol. III, No. 7, 1910.

Postlethwayt, Malachy, *The Universal Dictionary of Trade and Commerce*, London, 1755.

Richardson, Malcolm, "The Earliest Business Letters in English: An Overview," *The Journal of Business Communication*, Vol. 17, No. 3, Spring, 1980.

――――――, "Henry V, the English Chancery, and Chancery English," *Speculum*, 55 (1980).

――――――, "The First Century of English Business Writing, 1417-1525," *ibid*.

Smith, Wilson (ed.), *Theories of Education in Early America, 1655-1816*, Indianapolis: Books-Merrill, 1973.

Watts, Thomas, *An Essay on the Proper Method for forming a Man of Business*, London, 1716.

Webster, William, *An Attempt towards rendering the Education of Youth more Easy and Effectual*, London, 1726.

Whyman, Susan E., *The Pen and the People*, Oxford University Press, 2009.

Wright, Louis B., *Middle-Class Culture in Elizabethan England*, 2nd edition, Ithaca, New York: Cornell University Press, 1963.

あとがき

　今から数年前の短期（3ヵ月間）海外研修（英国・大英図書館）終了後，その調査をまとめて，1つの形にする予定であったが，ニーズはない（誰も関心がない）と思い，途中で挫折・中止していた。その間，研究よりも教育を優先し，学生との交流に勤しんでいた。

　しかしながら，たまたま，来年の定年（70歳）を控えて，同僚の秋山先生ご本人から，これまでの論文をまとめて教科書作成の準備をしていると聞いた。「そうか，これまでの論文をまとめる方法もありか」と思いながらも，自分の研究テーマの内容は，教科書には不適だと思い，諦めていた。ただ，秋山先生の最後の最後まで研究室にこもって頑張っている姿を目のあたりにしているうちに，自分も最後に何かするべきだと思い直し，とにもかくにも，自分の研究を1つの形にしてみようと準備を始めた。

　当初は，すでに発表した論文を原稿にまとめるだけなので，短期間に終わると安易に思っていたが，意外にも手がかかり，やっと6月に原稿として完成した。「てにをは」の修正どころか，大幅な書き直し，構成の組み換え，それに伴う引用・注の再調査，調整など，予想外の時間超過となった。

　途中，原稿をまとめながら，このテーマに興味を示す人は少ないだろうな，あるいは誰がこの本を手に取って読むのだろうかなど，悲観的な思いにたびたびとらわれた。その落ち込んでいたある時に，このような研究をしている人もいるのだと知らすべく，まさに遺作（？）として，稲津は，「こんなことに興味・関心を持っていたのか」「こんな研究をしていたのか」と，関係者，知人・友人に知ってもらえるだけでもいいかと思いを新たに，今にも折れそうな気持を抑え，何とか形になるようにまとめようと努力を続けた。同時に，神奈川大学の出版助成の対象になれれば，と期待と希望を持ち続けた。

思えば，大学院修士課程修了後，約10年間所属した石川島播磨重工業株式会社（IHI）では，それなりに恵まれていた。入社初年度，本来なら新入社員として，仕事を覚えることに専念すべき時にもかかわらず，「外国に行きたい，住みたい」という私の希望を受け入れてもらい，入社翌年の4月初旬，（ポルトガル語習得のための）語学研修生としてブラジルに派遣され，2年間滞在した。

　最初の1年間は，ブラジリア大学の聴講生として人工都市・ブラジリアに滞在した（到着初日の夕方，引率の人事部長と別れ，独りぼっちになったホテルの窓から見た夕日の沈む光景に，「なんで，こんな所に来たのだろう」と涙……）。当初，一言も話せなかったポルトガル語も，外国人対象の大学の課外講座（「ポルトガル語入門」）と，家庭教師役のアルバイト学生の個人指導のおかげで，3，4ヵ月後には，日常生活に支障のない程度に言葉ができるようになり，異国での楽しい学生生活を送ることになった（「大学で会った日系ブラジル人学生の計らいで，無許可で学生寮に潜り込んだこと」，「最初の授業で，教授に『言葉は大丈夫ですか』と問われ，隣の学生の英語通訳に頼り，『一言もわからない』と答え，教室にいる学生の大爆笑を誘ったこと」，「教授が授業の合間の休憩時，一番前に座っている女子学生のタバコに火をつけてあげたことにビックリ仰天させられたこと」，「学生食堂で出されたブラジル料理独特の豆（小豆？）かけライスに驚いたこと」「毎夜遅くまで大学の図書館で学生たちと談笑したこと」など，数々のエピソードや出来事が思い出される）。

　後半の1年間は，IHIの現地法人（イシブラス）での実務研修（実際は，仕事を覚えるよりもむしろ，周囲のブラジル人従業員との意思疎通・コミュニケーションが重視された）のため，リオデジャネイロに滞在した。リオでは，月〜金は会社の専用バスで通勤し，ブラジル人同僚と楽しく過ごした（終了時の合図と共に，脱兎のごとく退社する彼らの姿に驚かされた。これも仕事に対するブラジル人気質の1つであろう）。週末は，もう一人の研修生（大学のゴルフ部出身の松澤清隆氏）の指導で，ゴルフに熱中した。そして，（ゴルフ後の）週末，二人で夕食を共にしたコパカバーナ海岸のイタリアン・レストラ

ン（前菜の生ハムとメロンの味が忘れられない）やおいしい牛肉料理・シュラスコを提供するブラジリアン・レストランなど，また，同僚ブラジル人の結婚式，マラカナン競技場でのサッカー観戦，リオのカーニバル，美女のたむろするイパネマの海岸など，数限りない青春（？）の思い出が浮かんでくる［甘い思い出の追加。「（日本の）コーヒー＝苦い」と好きではなかったが，研修中のイシブラスで，10時，3時と（おやつ代りに）提供されたあの甘〜いコーヒーの味が恋しい］。

という次第で，それなりに苦労しながらも，ポルトガル語の習得（残念ながら，今では完全に忘れてしまったが……）と共に，ゴルフ好きになった私は，帰国後，（若気の至りで恥ずかしいが）駐在員として外国に派遣されるなら，ゴルフのできる国がいいという希望を持っていた。

しかしながら，1970年代後半，主にオイル・ショックの影響で，南米諸国の経済状況の悪化・景気後退に伴い，私は，プラント輸出の営業部の一員として，中東諸国の担当となった。そして，皮肉なことに，あえてゴルフのできない砂漠の国，中東へ派遣されることとなった。ゴルフのできない中東だけは避けたいな，と恐れていたところ，イラン石油化学（IJPC）プロジェクトの工事再開で，イラン行きを命じられた（これも運命と，教師への夢を諦め，イラン行きを決心した）。

その工事再開の準備のために，担当エンジニアと現地調査でイランに滞在中，イライラ（イラン・イラク）戦争が勃発し，急きょ帰国することとなった（「もう日本行きの航空便はないよ」と，驚かせられたが……）。そして，運命のいたずらか，イラン国内の正常化を待ちながら東京本社にいた時に，ゼミの先輩（椿先生）から，「専門学校で貿易関係の教師を探しているけど，どうですか」との電話があった。会社には申し訳ないが，この転職の話に飛びついたのはいうまでもない（三井物産主導のIJPCプロジェクトは結局，イラン国内の政情が安定せず，工事中止となった）。

このように，動機は不純であったかもしれないが，30歳過ぎて，遅咲きの教師として，新しい生活を始めることとなった。それから，新米教師として苦

労しながらも，専門学校（津田スクール・オヴ・ビズネス），短大（東洋女子短期大学），神奈川大学経済学部と，すばらしい若者たちに囲まれ，毎日，毎日楽しい日々を過ごせるようになった（通勤のラッシュ・アワーを回避できたことは幸せだった）。これまでの未知の国々，異文化の社会に目を向けていたサラリーマン時代（夜の銀座が懐かしい），若い希望にあふれた学生を相手に教えたり，教えられたりした教師時代（授業中の学生の「居眠り」にはがっかり，「無駄話」には我慢と，耐えた時も再々あった。今でも……）と，それなりに充実した約40年を経て，自分が来年3月，70歳の定年を迎えるなど，想像もしていなかった（髪は薄く，白髪も増え，確実に「ジジー」になっているのは事実であるが……）。

　繰り返しになるが，定年まで残り数ヵ月になったこの時に，この（重箱の隅をつつくような，自己満足にすぎない）研究テーマに関する本を世に出せるとは望外の幸せである。

　これも，これまでお世話になった諸先生，先輩方のおかげである。特に，早稲田大学商学部教授の故伊東克己先生の尽力なしには，充実した教師生活を送ることはできなかった。いくら感謝しても感謝しきれない。いみじくも，伊東先生には，前著『英語通信文の歴史』（同文舘出版，2001年）を出版した折に，なぜか，「もう一冊書いたら……」と，アドバイスがあった。その時は，もう一冊は難しいな，と思っていたが，現役最後の年に，先生のいわれたもう一冊の本を上梓できたことは，これも先生の大きな教え・後押しのおかげだろう（先生に直接，この本をお渡しすることができないのは本当に残念だ）。

　さらに，大学院修士課程でお世話になった故浜谷源蔵先生（元日本大学経済学部教授），そのゼミの先輩，三村眞人先生（元神奈川大学経営学部教授），椿弘次先生（元早稲田大学商学部教授），故小林晃先生（元日本大学経済学部教授），中野宏一先生（元神奈川大学経済学部教授）方には，文字通り，手取り足取り，初歩から教えていただいた。忍耐強いご指導に感謝あるのみである。

　最後に，本書は，神奈川大学経済貿易研究所の研究叢書としての出版助成を

受けている。所員の先生方のご厚意に感謝したい。

　また，出版のために個人的に尽力していただいた同文舘出版の取締役編集局長 市川良之氏の配慮には心から謝意を表したい。さらに，校正担当の星裕子さんにも感謝したい（「注」の表記の誤りを多々指摘していただき，本当に助かった）。

　またまた，忘れてはならないことだが，本書の基となった資料の大半は，大英図書館の貴重な蔵書のおかげである。今にも壊れそうな，かび臭いセピア色の資料を手にした時の「これだー」と叫びたいほどの喜び・感激，わくわく感は，何にも代えがたい貴重な体験であった。アジアの一研究者にすぎない私に対して，自由に入室を許可した同館の好意・配慮なしには，私の研究は成立しなかった。一番に，最も感謝しなければならないのは大英図書館である。さらに，無料の入館を可能にしている影の功労者，つまり税金を負担している英国国民にも「ありがとう」といいたい。感謝，感謝である。

　　　2017 年 10 月 2 日　　神奈川大学経済学部研究室にて

　　　　　　　　　　　　　　　　　　　　　　　　　　稲津　一芳

Index

事項索引

あ行

相手本位　91, 92, 120, 121, 139, 178
暗黙の了解　29
一般教育　28
意味の二義性　147
印刷技術の発達　44
インデント・スタイル　114, 126, 182
売渡品目録　35
遠距離間通信　208
黄金時代　37

か行

開拓者　36
書き言葉　2, 10, 44, 175, 180
箇条書き　159
活字文化　44
神への言及　58, 63, 127
神への信仰　49
皮袋　217
間隔　88, 89, 90, 113, 114, 211
間隔（スペース）　88, 90, 113, 114, 182, 211
官庁用語　174
学のある人　46, 47, 84
キャリア・アップ　35, 37
教育　28, 55, 117, 141, 167
教育効果　29, 31
教育水準　141
教材　38, 142
強調表現　112, 186
協働作業　218
教本　21, 24, 28, 116
教養書　26
近距離取引　172
ギルド　2, 10
クエーカー教徒　118
クローゼット　54, 55
グラマースクール　8, 31

経済的価値　35
言文一致　171
航海法　118
公的レター　23, 144, 151, 152, 194
高等教育　38
誇張表現　178, 179, 186, 195
コミュニケーションのネットワーク化　116
五部構成　19, 56

さ行

差別化　20
参考書　3, 27, 116, 167
三部構成　23, 55, 92
財産　37
下積み生活　150
私的レター　23, 86, 144, 150, 151, 152
社会的地位　50, 76, 90, 208
写字生　44
修辞学　8, 18, 19, 55
修辞技能　87
小規模教育　38
商業革命　116
商業教育　141, 142
証拠　146, 147, 217
証拠書類　174, 213
書簡文作法　7, 8, 208
書記　3, 8, 44, 148
初心者　47, 52, 54, 141, 143, 145
真正レター　142, 214, 218
時代遅れ　22, 145, 167, 179
実学教育　141, 167
実務体験　34
実用書　24, 25, 26, 80, 167
実用性　8, 21, 143, 217, 218
ジャーゴン　170, 179, 180, 181, 204
重複語　177
上下意識　50
上下関係　50, 51, 56, 75, 77, 83, 88

冗長表現　175
人工的な表現・形式　87, 88
正確な記載　147, 154, 160
正確な記述　147, 153, 168, 213
清書　149, 167
セリー・レター　11, 12, 15
セリー家　12, 13, 14, 44
専門教育　141
専門書　116
相互コミュニケーション　38
相互補完的な関係　213
挿入語句　177
即興的な閃き　87

―――― た 行 ――――☆

対抗意識　22
大衆化　22
知的好奇心　19
知的水準　141
知的側面(行為)　173
忠誠心　54, 55
直面的(な)コミュニケーション　68, 77
敵対意識　9
時は金なり　145
徒弟制度　34
虎の巻　35
読書熱　116

―――― な 行 ――――☆

ナショナリズム　9
生の情報入手　142
入門教育　141
入門書　25
ノルマン征服　9

―――― は 行 ――――☆

話し言葉　3, 10, 180
パストン・レター　11, 12, 15
パストン家　11, 12, 14, 44
パスポート　36
パブリックスクール　31
卑屈表現　178
秘　書　18, 21, 54, 55, 81, 82　148
ビジネス英語　174, 175
ビジネス・キャリア　173

ビジネスジャーゴン　169, 215
ビジネス(の)通信　143, 145
美辞麗句　33, 82
副読本　27
フランス語　2, 9, 26
武　器　37, 47
文化の商品化　116
ベストセラー　22, 80, 218
萌芽期・黎明期　19
奉　公　34, 116
法的拘束力　147
法律英語　174, 175
補完書　31
保守性　170, 208
母国語　9, 10, 11, 31, 38
ボローニャ大学　8
ポストカード　167

―――― ま 行 ――――☆

未熟な学生　46
無学な人　35, 46, 47, 84
無知の人々　143
メッセンジャー　3, 45
物言わぬ教師　19

―――― や 行 ――――☆

郵便事情　210
郵便制度　3, 143
雄弁術　8, 48
猶予期間　92, 215
羊皮紙・パピルス　5
読み書き能力　39

―――― ら 行 ――――☆

ラテン語　2, 29, 31, 33, 47, 55, 82, 105
ラテン語教育　38
臨場感　157, 218
倫理・道徳　50
倫理・道徳上　19, 54
礼　儀　83, 113, 175, 178
礼儀作法　26, 119
礼儀正しい　38, 145, 168, 176, 178
レターブック　146, 149
ロングセラー　19, 20, 25, 218

人名索引

アルベリクス (Alberic)　　7, 8
アンダーソン (William Anderson)　　141, 142, 214, 218
ウエストレイク (J. Willis Westlake)　　170
オースチン (R. C. Austin)　　21
クーチン (Antoine de Courtin)　　26
クック (Thomas Cooke)　　20, 26
グッドマン (T. Goodman, Esq.)　　20, 24
ゲインズフォード (Thomas Gainsford)　　21
シモンズ (P. L. Simmonds)　　163, 214, 218
ジョゼフ・バトラー (Joseph Butler)　　39
デイ (Angel Day)　　22, 218
ナエザー (Carl A. Naether)　　170, 207, 211
ハンフリーズ (Gordon S. Humphreys)　　21
ハンムラビ王　　3
ヒル (John Hill)　　20, 24, 25, 83, 90
フィリップス (Edward Phillips)　　20
フィロムサス (Philomusus)　　22
フライ (Roland Fry)　　215, 217
フルウッド (William Fulwood)　　3, 46
フレミング (Abraham Fleming)　　46, 54
ブラウン (John Browne)　　25, 62
ブレトン (Nicholas Breton)　　20, 22
ヘンリー5世 (Henry V)　　2, 9, 10, 44
ホウキンス (John Hawkins)　　25
ホッグ (Henry Hogg)　　28
ボー (Albert C. Baugh)　　2
ボンコンパーニョ (Boncompagno)　　8
マークハム (Gervase Markham)　　30
マッシンガー (John Massinger)　　20, 22
ラングトン (Thomas Langton)　　36
リチャードソン (Samuel Richardson)　　26
ルッカ (Bene of Lucca)　　8
ロバーツ (William Roberts)　　6
ワイズマン (Charles Wiseman)　　26, 218
ワッツ (Thomas Watts)　　32

英字索引

<人名>

I. W. Gent.,　　20
M. R.,　　20
W. P.,　　20

<項目>

Academie of Eloquence, The,　　23
Academy of Complements, The,　　22, 23
Beginner's Guide to OFFICE WORK, The,　　213
Commercial Letter Writer (P. L. Simmonds), *The,*　　21, 163
Commercial Letter Writer (R. C. Austin), *The,*　　21, 214
Conceited Letters Newly Layde Open, etc.,　　30
Dictamen (= the art of letter writing),　　7, 8, 15, 56, 69, 208, 216
Directions for Speech and Style,　　18, 208
English Commercial Correspondence,　　214
English School-master Compleated, The,　　25
English Secretary, The,　　18, 19, 22, 80, 211, 218
Enimie of Idlenesse, The,　　3, 18, 22, 44, 80, 116, 208
Epistole Commerciales, or Commercial Letters, in Five Languages, viz. Italian, English, French, Sanish, and Portuguese,　　26, 211

Exact Dealer, The, 25
Experienced Secretary, Or Citizen's and Countryman's Companion, The, 20, 24
Flying Post, A, 20, 211
Guide to Commercial Correspondence and Business Composition, 214
History of The English Language, A, 2
How to Write Letters: A Manual of Correspondence, 170
Letters Written To and For Particular Friends, On the most Important Occasions, 26
Manual of Commercial Correspondence, 217
Marchants Avizo, The, 18, 19, 22, 25, 80, 218
Mysteries of Love & Eloquence, The, 20, 23
Panopolie of Epistles, A, 18
Poste with a Packet of Madde Letters, A, 20, 22
Practical Mercantile Correspondence, 142, 214
President for Young Pen-men, or The Letter Writer, A, 20
Rules of Civility; or The Maxims of Genteel Behaviour, The, 26
Secretaries Studie, The, 21
Secretary in Fashion, The, 20, 22, 23, 90, 210
Speedie Poste, A, 20
Teach Yourself Commercial Correspondence, 214
Teach Yourself Letter Writer, The, 21
Universal Letter-Writer, or New Art of Polite Correspondence, The, 20, 26, 120, 212
Wits Interpreter, 23
Young Secretary's Guide, Or A Speedy Help to Learning, The, 20, 24, 25, 90, 211
Youth's Introduction to Trade and Business, 25, 212

〈著者紹介〉

稲津　一芳（いなつ・かずよし）

1948年	鹿児島県に生まれる
1970年	早稲田大学商学部卒業
1972年	同大学大学院商学研究科修士課程修了
	石川島播磨重工業株式会社（現 IHI）入社
1983年	同大学大学院商学研究科博士課程単位取得満期退学
1984年	東洋女子短期大学専任講師
1990年	神奈川大学経済学部助教授
現　在	神奈川大学経済学部教授
著　書	『Overseas Business and Communication』（共著）（英潮社，1988年）
	『貿易実務辞典』（共著）（同文舘出版，1989年）
	『A Bank Teller's English』（共著）（近代セールス社，1991年）
	『英語通信文の歴史』（同文舘出版，2001年）

2017年11月30日　初版発行

《検印省略》

略語：英文レター

神奈川大学経済貿易研究叢書第31号

英文ビジネスレターの発達史
―16世紀以降の通信文（レター）の変遷と特徴を探る―

著　者　　稲　津　一　芳
発行者　　中　島　治　久

発行所　　同 文 舘 出 版 株 式 会 社
東京都千代田区神田神保町1-41　〒101-0051
電話　編集 03-3294-1803　営業 03-3294-1801
振替　00100-8-42935
http://www.dobunkan.co.jp

©K. INATSU
Printed in Japan 2017

印刷：三美印刷
製本：三美印刷

ISBN978-4-495-64901-2

JCOPY〈出版者著作権管理機構 委託出版物〉
本書の無断複製は著作権法上での例外を除き禁じられています。複製される場合は，そのつど事前に，出版者著作権管理機構（電話 03-3513-6969，FAX 03-3513-6979，e-mail: info@jcopy.or.jp）の許諾を得てください。